Jochen Kleining

M. Kempinski & Co.
Die "Arisierung" eines
Berliner Traditionsunternehmens

Diplomica® Verlag GmbH

Kleining, Jochen:
M. Kempinski & Co. Die "Arisierung" eines Berliner Traditionsunternehmens,
Hamburg, Diplomica Verlag GmbH 2008

ISBN: 978-3-8366-6194-2
Druck Diplomica® Verlag GmbH, Hamburg, 2008
Covermotiv: © matttilda · Fotolia.com
Umschlaggestaltung: Diplomica Verlag

Bibliografische Information der Deutschen Bibliothek
Die Deutsche Bibliothek verzeichnet diese Publikation in der Deutschen Nationalbibliografie;
detaillierte bibliografische Daten sind im Internet über
<http://dnb.ddb.de> abrufbar.

Inhalt

1 EINLEITUNG

1.1 Erkenntnisinteresse und Fragestellung

Die Vernichtung jüdischer Gewerbetätigkeit im nationalsozialistischen Deutschland ist einer der größten Besitzwechsel in der jüngeren deutschen Geschichte und in seinen Ausmaßen nur von den Enteignungen der SBZ/DDR übertroffen.[1] In einem historisch einmaligen Vorgang wurde die Beraubung einer rassisch definierten Minderheit arbeitsteilig von einem modernen Staat und privaten Individuen durchgeführt.[2] Die „Arisierung" fand in der Mitte der Gesellschaft, für jeden sichtbar statt. Eine Unzahl von Menschen war daran beteiligt oder profitierte davon. Deshalb zeigen gerade diese „Arisierungen", in welchem Ausmaß breite Teile der deutschen Gesellschaft an der antisemitischen Politik der Nationalsozialisten teilhatten.

Diese Studie soll einen Beitrag zur Regionalforschung über die Vernichtung jüdischer Gewerbetätigkeit im nationalsozialistischen Berlin leisten. Dies soll geschehen anhand einer Analyse der „Arisierung" des Berliner Unternehmens „M. Kempinski & Co.".[3] Zunächst eine Weingroßhandlung, wurde der Name „Kempinski" schnell zum Markenzeichen für gehobene Gastronomie in Berlin. Die beiden Restaurants in der Leipziger Straße und am Kurfürstendamm entwickelten sich zu einer Bühne für das gesellschaftliche Leben der Reichshauptstadt. Das von Kempinski betriebene und 1929 eröffnete „Haus Vaterland" schließlich galt als größter Gastronomiebetrieb der Stadt, war mit seiner Kombination aus Varieté, Bar und Restaurant und den zehn Themensälen einzigartig und begründete den Begriff der „Erlebnisgastronomie". Kempinski war eines der prominentesten jüdischen Unternehmen der Stadt, mit einem Bekanntheitsgrad weit über ihre Grenzen hinaus. Die Vorgänge die zur „Arisierung" Kempinskis führten, sind somit ein wichtiger Beitrag für das Verständnis der Ausschaltung jüdischer Gewerbetätigkeit in Berlin insgesamt.

Diese Stadt Berlin wiederum ist von besonderer Bedeutung sowohl für die deutsche Wirtschaft als auch für das deutsche Judentum. Berlin war nicht nur kulturelles Zentrum sondern auch die bedeutendste Industriemetropole Europas und mit

---

[1]   Frank Bajohr, „Arisierung" in Hamburg, Hamburg 1998, S.10.
[2]   Dieter Ziegler, Die deutschen Großbanken im Altreich 1933 – 1939, in: Dieter Stiefel (Hrsg.), Die politische Ökonomie des Holocaust. Zur wirtschaftlichen Logik von Verfolgung und "Wiedergutmachung", Wien 7 München 2001, S. 74-131, hier: S. 123.
[3]   Aus Gründen der Lesbarkeit wird in dieser Arbeit die Kurzform „Kempinski" verwendet. Damit ist immer das Unternehmen, nicht eine Person „Kempinski" gemeint.

der Berliner Börse einer der wichtigsten Finanzplätze des Kontinents.[4] Zugleich war Berlin der unumstrittene Mittelpunkt jüdischen Lebens in Deutschland. Hier lebten mit 170.000 etwa ein Drittel aller Juden des Reiches. Die Vernichtung jüdischer Gewerbetätigkeit in der Reichshauptstadt ist somit ein zentraler Aspekt der „Arisierung" insgesamt, seine fast gänzlich ausgebliebene Untersuchung ein großes Desiderat sowohl der NS-Forschung als auch der Berliner Regionalgeschichte.

Diese Untersuchung ist im Kontext des Forschungsprojektes „Ausgrenzungsprozesse und Überlebensstrategien. Mittlere und kleine jüdische Gewerbe-Unternehmen in Berlin 1929/30 bis 1945", das am Lehrstuhl für Zeitgeschichte der Berliner Humboldt-Universität angesiedelt ist, entstanden. Mit einer detaillierten Rekonstruktion der Vorgänge bei einem der bekanntesten jüdischen Unternehmen Berlins soll dargelegt werden, welche Verlaufsformen „Arisierungen" in Berlin annehmen konnten, in welchem zeitlichem Rahmen diese stattfanden, sowie welche Akteure an den Vorgängen beteiligt waren. Darüber hinaus wird die dem Projekt eigene Forschungshypothese und –perspektive adaptiert: „Die Beendigung ihrer Wirtschaftstätigkeit wird […] einem längeren Prozess zugeordnet, dessen Rekonstruktion den jüdischen Unternehmer nicht nur als Opfer, sondern auch als aktiv handelnden Unternehmer zeigt."[5] Welche Handlungsspielräume boten sich den jüdischen Inhabern Kempinskis angesichts einer sich zunehmend verschärfenden antijüdischen Politik der Nationalsozialisten? Welche Strategien verfolgten sie, um diesem Umfeld zu begegnen? Die vorliegende Studie versucht, die Handlungsstrategien der jüdischen Inhaber zu rekonstruieren und aufzuzeigen, wie diese auf die zunehmend feindlicher werdende Umwelt reagierten.

1.2 „Arisierung" – zur Problematik eines Begriffes

Der Begriff „Arisierung" hat seinen Ursprung im völkisch-antisemitischen Gedankengut der Weimarer Republik.[6] Er wurde schnell von der nationalsozialistischen Publizistik übernommen und zu einem zentralen Propagandabegriff aufgebaut. Dabei lag dem Ausdruck keine genaue Definition zugrunde. Allgemein war damit, synonym zum ebenfalls gebräuchlichen Begriff „Entjudung", die Verdrängung der Juden aus dem deutschen Berufs- und Wirtschaftsleben gemeint.[7] Mit Beginn des Verdrängungsprozesses differenzierte sich der Begriff insofern, als

---

[4] Henning Köhler, Berlin in der Weimarer Republik, in: Wilhelm Ribbe (Hrsg.), Die Geschichte Berlins, Bd. 2, Von der Märzrevolution bis zur Gegenwart, Berlin 2002, S. 797-925, hier: 981ff.

[5] Projektantrag: Ausgrenzungsprozesse und Überlebensstrategien. Mittlere und kleine jüdische Gewerbe-Unternehmen in Berlin, unveröffentlicht, Berlin 2006, S. 3.

[6] Zur Begriffsgeschichte vgl. Cornelia Schmitz-Berning, Vokabular des Nationalsozialismus, Berlin/New York 1998, S. 62.

[7] Yisrael Gutman (Hrsg.), Enzyklopädie des Holocaust, Bd. 1, Berlin 1993, S. 412.

dass jetzt mit „Arisierung", in Abgrenzung zu „Liquidation", das spezielle Phänomen des Transfers von Unternehmensbesitz in „arische" Hände beschrieben wurde.[8]

Trotz der problematischen Verwendung eines derart vorbelasteten Begriffes, überwiegt in der Forschung die Meinung, dass eine weitere Verwendung legitim und auch ohne Alternative ist, allerdings kritisch und problembewusst erfolgen muss.[9] Dennoch bleibt die Begrifflichkeit nach wie vor unpräzise und wird in der Forschung unterschiedlich gehandhabt. Zum einen gibt es Tendenzen, die zahlreichen Facetten der „Arisierung" auch begrifflich zu differenzieren.[10] Anderen Historiker sind dagegen bestrebt den Begriff so zu erweitern, dass er alle Aspekte des Raubs an den europäischen Juden umfasst, bis hin zur Verwertung der sterblichen Überreste der Ermordeten in den Vernichtungslagern.[11]

In dieser Studie soll der Begriff nur für den Prozess der Verdrängung jüdischer Gewerbetreibender aus dem deutschen Wirtschaftsleben verwendet werden.[12] Dies schließt zum einen die Entlassung jüdischer Angestellter, zum anderen die Ausplünderung der Juden bei Emigration und Deportation aus. Mit einer derartig verengten Verwendung des Wortes „Arisierung" verbinden sich jedoch weitere Probleme. Erstens verschleiert der Begriff, dass viele jüdische Unternehmen überhaupt nicht in „arische" Hände übergingen. Ein großer Teil von ihnen wurde liquidiert.[13] Im speziellen Kontext von Liquidation und Verkauf soll „Arisierung" in dieser Untersuchung demnach in einer engeren Definition die Übertragung jüdischen Gewerbes in „arische" Hände bezeichnen. Zweitens rückt der nationalsozialistische Sprachduktus die jüdischen Akteure vor allem als passive Opfer in den Blick und blendet aus, dass sie Handlungsspielräume entwarfen, die für

---

[8]   So auch bei Gutman 1993, S. 78.
[9]   Zur Problematisierung vgl. Marian Rappl, „Arisierungen" in München. Die Verdrängung der jüdischen Gewerbetreibenden aus dem Wirtschaftsleben der Stadt 1933-1939, in: Zeitschrift für Bayerische Landesgeschichte 63 (2000), S. 123-184, hier: S. 125; Dies., „Unter der Flagge der Arisierung… um einen Schundpreis zu erraffen". Zur Präzisierung eines problematischen Begriffs, in: Angelika Baumann (Hrsg.), München „arisiert". Entrechtung und Enteignung der Juden in der NS-Zeit, München 2004, S. 17-30, hier: S. 20.
      Den Begriff zu vermeiden versucht Ludolf Herbst. Er spricht von „Vernichtung der wirtschaftlichen Existenz der Juden". Vgl. Ludolf Herbst u. A., Einleitung, in: Ders. / Thomas Weihe (Hrsg.), Die Commerzbank und die Juden, München 2004, S. 9-19, hier: S. 10.
[10] Siehe auch Constantin Goschler / Jürgen Hillteicher, „Arisierung" und Restitution jüdischen Eigentums in Deutschland und Österreich. Einleitung, in: dies. (Hrsg.), „Arisierung" und Restitution, Die Rückerstattung jüdischen Eigentums in Deutschland und Österreich nach 1945 und 1989, Göttingen 2002, S. 7-28, hier: S. 10.
[11] Irmtrud Wojak / Peter Hayes, Einleitung, in; dies. im Auftrag des Fritz Bauer Instituts (Hrsg.), „Arisierung" im Nationalsozialismus. Volksgemeinschaft, Raub und Gedächtnis, Frankfurt a. M./New York 2000, S. 7-13, hier: S. 7f.
[12] So auch Marian Rappl 2004, S. 20.
[13] Frank Bajohr, „Arisierung" und Restitution. Eine Einschätzung, in: Constantin Goschler u. Jürgen Hillteicher (Hrsg.), „Arisierung" und Restitution, Die Rückerstattung jüdischen Eigentums in Deutschland und Österreich nach 1945 und 1989, Göttingen 2002, S. 39-59, hier: S. 39.

das Verständnis der Vorgänge wesentlich sind. Diese Opferperspektive soll, wie einleitend beschrieben, hier erweitert werden. Drittens schließlich erschwert der punktuelle Begriff „Arisierung" die Erkenntnis, dass es sich dabei um einen langfristigen Prozess handelte, der sich schrittweise vollzog. Im Gegensatz zu den nach 1938/39 angegliederten bzw. okkupierten Gebieten, in denen ein bürokratischer Zentralismus dominierte, war die „Arisierung" im Altreich ein lange andauernder Prozess, der zunächst schleichend begann und nach mehreren Radikalisierungsschüben 1938/39 seinen Höhepunkt erreichte. „Arisierung" meint daher nicht nur den eigentlichen Verkauf des Unternehmens an „arische" Käufer, sondern gerade auch den langsamen Prozess der Verdrängung, der wachsenden wirtschaftlichen Schwierigkeiten und enger werdenden Handlungsspielräume.[14]

Bis 1938 gab es bemerkenswerterweise weder ein zentrales Arisierungs- oder Enteignungsgesetz, noch vollzog sich die „Arisierung" unter der Regie einer zentralen Genehmigungsinstitution. Ein etatistisches Verständnis der nationalsozialistischen Judenpolitik, das Ausgrenzung und Verfolgung in erster Linie als eine Abfolge legislativ-administrativer Maßnahmen versteht, greift deshalb zu kurz. In kaum einem anderen Bereich der Judenpolitik gab es zudem eine ähnlich hohe Zahl von Akteuren und Profiteuren.[15] Folglich muss der Begriff „Arisierung" auch als ein sozialer Prozess, an dem die deutsche Gesellschaft in vielfältiger Weise beteiligt war, verstanden werden. Er muss, so auch die Forderung von Frank Bajohr, um eine gesellschaftsgeschichtliche Perspektive erweitert werden, um bestimmte Verhaltensmuster in der Gesellschaft analysieren zu können.[16]

1.3 Methodisches Vorgehen

Eine erste methodische Prämisse dieser Untersuchung ist schon angedeutet. Jenseits von intentionalistischen oder strukturalistischen Ansätzen wird „Arisierung" hier vor allem als ein gesellschaftlicher Prozess, als soziale Praxis, aufgefasst. Diese Praxis schließt verschiedene Akteure mit ein, darunter Banken, Unternehmen und Prüfungsgesellschaften - nicht zuletzt auch die Bevölkerung als Kundschaft des jüdischen Unternehmens. Jeder dieser Akteure verfolgte eigene Interessen, die mitunter sogar vorübergehend mit denen der jüdischen Inhaber konvergieren konnten. Der Staat (vertreten durch die mit der „Arisierung" befass-

---

[14] Vgl. auch den Abschnitt „Arisierung als gesellschaftlicher Prozess" in dieser Arbeit, S. 26.
[15] Frank Bajohr, Interessenkartell, personale Netzwerke und Kompetenzausweitung: Die Beteiligten bei der „Arisierung" und Konfiszierung jüdischen Vermögens, in: Gerhard Hirschfeld / Tobias Jersak (Hrsg.), Karrieren im Nationalsozialismus: Funktionseliten zwischen Mitwirkung und Distanz, Frankfurt a. M. 2004, S. 45-55, hier: S. 47.
[16] Frank Bajohr, Verfolgung aus gesellschaftsgeschichtlicher Perspektive. die wirtschaftliche Existenzvernichtung der Juden und die deutsche Gesellschaft, in: Geschichte und Gesellschaft. Zeitschrift für historische Sozialwissenschaft 26 (2000), S. 629-653, hier: S. 629.

ten lokalen Behörden) erscheint nur als einer von vielen Teilen der Gesellschaft, die an der „Arisierung" Kempinskis beteiligt waren.

Ein zweiter methodischer Ansatz wurde ebenfalls schon angedeutet. Historiker laufen Gefahr, die nationalsozialistische Judenpolitik stets von ihrem grausamen Ende, der Vernichtung der europäischen Juden, zu denken. Dabei wird schnell außer Acht gelassen, dass diese Politik die Summe von ständig neuen, für die Betroffenen oftmals unvorhergesehenen Radikalisierungsschüben war. Erst am Ende dieser Kette stand der Holocaust, der in der für die Geschichte der „Arisierung" relevanten Zeit zwischen 1933 und 1941 nur ganz allmählich in den Bereich des Vorstellbaren rückte. Es greift also zu kurz, jüdische Gewerbetreibender ausschließlich als passive Opfer einer judenfeindlichen Politik zu begreifen, die von Beginn an auf die Auslöschung dieser Minderheit hinwirkte. Eine solche Herangehensweise geht darüber hinweg, dass diese Unternehmer unterschiedliche Möglichkeiten hatten, der judenfeindlichen Politik der Nationalsozialisten und der Ausschaltung jüdischer Gewerbetätigkeit zu begegnen.[17] Für einen jüdischen Unternehmer konnte es etwa 1933 als eine durchaus folgerichtige Strategie erscheinen, aus der Geschäftsführung seines Betriebes auszuscheiden, gleichzeitig als stiller Teilhaber im Unternehmen zu verbleiben und auf ein baldiges Ende der nationalsozialistischen Herrschaft zu hoffen. Mit der Rekonstruktion derartiger Handlungsweisen, mit denen jüdische Unternehmer aktiv auf ihr Umfeld reagierten und weitere Strategien entwarfen, wird also die nach wie vor in der Forschung dominierende, klassische Opferperspektive erweitert.

1.4 Aufbau und thematische Abgrenzung

Nach einem einleitenden Überblick über die Forschung zur „Arisierung" und zur Situation der Juden in Berlin wird im Hauptteil ein chronologischer Überblick über die „Arisierungspolitik" des nationalsozialistischen Regimes geboten. Dieser chronologischen Darstellung der einzelnen Radikalisierungsstufen, die zur Ausschaltung der Juden aus dem deutschen Wirtschaftsleben führten, wird anschließend die soziale Praxis der „Arisierungen" gegenübergestellt und Frank Bajohrs Konzept von „Arisierung" als einem gesellschaftlichen Prozess erläutert. Es bildet die theoretische Folie der Analyse vor allem für den Zeitraum 1933 bis 1936. In Kapitel 2.1.3 schließlich geht es um die spezielle Situation in Berlin. Die besondere Stellung dieser Stadt als Reichshauptstadt und Zentrum des deutschen Judentums stellte besondere Rahmenbedingungen, die bei einer Rekonstruktion der Vorgänge mit berücksichtigt werden müssen.

---

[17] Eine erste Typologie bietet: Herbst 2004, S. 85-87.

In folgenden Abschnitt 2.2 geht es um das Unternehmen Kempinski. In einem kurzen Überblick wird zunächst die Vorgeschichte des Unternehmens in den Jahren 1862 bis 1929 skizziert. Ein eigener Abschnitt beschreibt die Auswirkungen der Weltwirtschaftskrise sowie den beginnenden Antisemitismus im Zeitraum 1929 bis 1933. Die traditionelle Fokussierung der Forschung auf die Zeit nach 1933 versperrt oftmals die Sicht auf längere Entwicklungslinien des Antisemitismus und auf die bislang unklare Bedeutung der Wirtschafts- und Bankenkrise sowie die daraus resultierenden Strategien jüdischer Unternehmen schon vor 1933.[18]

Die „Arisierung" Kempinskis selbst wurde in drei Zeitabschnitte unterteilt. Die Zeit zwischen 1933 bis 1936 ist die Phase der allmählichen Verdrängung des Unternehmens ins wirtschaftliche und gesellschaftliche Abseits. In diesem Kapitel geht es wie erwähnt darum, die schleichende „Arisierung" Kempinskis in den Kontext von Frank Bajohrs Konzeption von „Arisierung" als einem gesellschaftlichen Prozess zu stellen. Im Zweiten Abschnitt werden die Verhandlungen mit der Aschinger AG rekonstruiert sowie der Inhalt des zwischen Aschinger und Kempinski ausgehandelten Vertrages dargestellt. Bei diesem Vertrag handelte es sich nicht um einen Kauf- sondern um einen Pachtvertrag. Das alte Unternehmen Kempinski existierte weiter, die Inhaber blieben Eigentümer der Grundstücke und einiger Beteiligungen. Die Abwicklung dieses Unternehmens (hier als „Rest-OHG" bezeichnet) sowie die äußerst langwierigen und komplexen „Arisierungs"-verhandlungen, die erst im November 1941 zum Abschluss kamen, werden im dritten Abschnitt dargelegt. Im Schlusskapitel werden die Ergebnisse zusammengefasst und schließlich die Frage erörtert, in wie weit die jüdischen Inhaber Handlungsspielräume hatten, in welchem Ausmaß sie diese wahrnahmen und welche Strategien sie entwarfen.

Auf die kontroverse und in der Tagespresse wiederholt diskutierte Nachkriegsgeschichte des Unternehmens (die Restitutionsverfahren, die Errichtung eines ersten Hotels am Kurfürstendamm, der Verkauf an die Hotelbetriebs AG und die Umbenennung dieses Unternehmens in „Kempinski AG") kann nicht Teil dieser Untersuchung sein.[19] Es handelt sich bei dieser Untersuchung eben nicht um eine Unternehmensgeschichte im klassischen Sinne, sondern um eine Spezialstudie zur

---

[18] Peter Hayes, Big Business and „Aryanisation" in Germany, 1933-1939, in: Jahrbuch für Antisemitismusforschung 3 (1994), S. 254-281, hier: S. 255; sowie Dieter Ziegler, Kontinuität und Diskontinuität der deutschen Wirtschaftselite, in: ders. (Hrsg.), Unternehmer und Großbürger. Die deutsche Wirtschaftselite im 20. Jahrhundert, Göttingen 2000, S. 31-53, hier: S. 49.

[19] Beispielhaft seien folgende Zeitungsartikel genannt: Berliner Zeitung Nr.136 vom 13.06.1994, S. 19; Berliner Zeitung Nr.127 vom 02.06.1994, S.18; Berliner Zeitung Nr.22 vom 27.01.1994, S. 17; TAZ-Berlin Nr. 135 11.06.1994, S. 36.

„Arisierung", die unter übergeordneten Fragestellungen Material für spätere komparative Studien bieten soll.

Zur umfassenden Analyse wäre auch eine Darstellung des „Ariseurs", der Aschinger AG wünschenswert gewesen. Die Konsolidierung dieses angeschlagenen Konzerns durch die Übernahme der Kempinskibetriebe ist charakteristisch für viele „Arisierungsvorgänge". Doch kann hierauf nur am Rande eingegangen werden. Die Perspektive des Kempinski-Unternehmens und die Strategien seiner Inhaber stehen im Zentrum der Untersuchung.[20]

Die Auflösung der klassischen Opferperspektive birgt zudem die Gefahr, dass die persönlichen Schicksale der jüdischen Inhaber nicht angemessen genug gewürdigt werden. Tatsächlich wird in dieser Studie der Leidensweg der Familie bei ihrer Emigration (und im Falle Walter Ungers auch die Deportation und schließlich die Ermordung in Auschwitz) nur am Rande behandelt – zumeist, wenn es um die Rekonstruktion von Handlungsspielräumen und Strategien geht. Diese Tatsache ist zum einen dem methodischen Ansatz einer Unternehmensgeschichte als Institutionengeschichte, vor allem jedoch der Komplexität der Materie geschuldet. Das erfahrene Leid der Familie sollte nicht ausgeblendet werden. Die „Arisierung" des Unternehmens Kempinski war allerdings ein äußerst komplizierter und über einen langen Zeitraum währender Vorgang. Diese Untersuchung konzentriert sich daher fast ausschließlich auf die Vorgänge um das Unternehmen selbst.

1.5 Quellenlage

Hauptquelle für diese Studie stellt der im Landesarchiv Berlin lagernde Firmenbestand der Aschinger AG dar. In diesem Bestand befinden sich zahlreiche Dokumente aus der alten Registratur der Firma M. Kempinski & Co. OHG sowie ab 1937 der Tochtergesellschaft Aschingers, der Kempinski GmbH. Dieser Firmenbestand bildete auch die hauptsächliche Quellenbasis für die Untersuchung von Elfi Pracht, der bislang einzigen wissenschaftlichen Veröffentlichung zum Unternehmen. Doch zur Zeit ihrer Quellenrecherche 1990 war der Bestand erst ansatzweise geordnet und verzeichnet.[21] Die grobe Verzeichnung auf Karteikarten wurde zudem „...in ihrer Oberflächlichkeit und teilweisen Parteilichkeit der außerordentlichen Vielfalt der Unterlagen..."[22] nicht gerecht. Erst in den Jahren

---

[20] Zu Aschinger vgl. die Monographie von Karl-Heinz Glaser, Aschingers Bierquellen erobern Berlin. Aus dem Weinort Oberderdingen in die aufstrebende Hauptstadt, unter Mitarbeit von Erwin Breitinger und Thomas Nowitzki, Ubstadt-Weiher 2004.

[21] Elfi Pracht, M. Kempinski & Co., Berlin 1994, S. 13.

[22] Michael Klein, Aschinger-Konzern – Aschinger's Aktien-Gesellschaft, Hotelbetriebs-AG, M. Kempinski & Co. Weinhaus und Handelsgesellschaft mbH. A Rep. 225 (Findbücher, hrsg. vom Landesarchiv Berlin, Nr. 34) , Berlin 2005, S. 22.

2002/2003 erfolgte eine systematische Neu- bzw. Ersterschließung, bei der auch eine Bestandstrennung vorgenommen wurde. Nun bilden alle Akten der Registratur Kempinski & Co einen eigenen Aktenbestand, der 115 Akteneinheiten (3,3lfm) umfasst. Die Unterlagen stammen aus den Jahren 1899 bis 1949 und haben ihren Schwerpunkt in den dreißiger Jahren. Daneben waren für den Prozess der Übernahme zum Teil auch die ursprünglichen Unterlagen der Aschinger AG (1377AE; 32,40lfm) relevant. Ein für beide Unternehmen zusammen neu erstelltes Findbuch bietet nun erstmals einen systematischen Überblick über die Firmenbestände.[23] Dieser neue Erschließungsgrad bot eine gute Quellenbasis für eine Analyse und Neubewertung der Übernahmevorgänge. Aus dem Aschinger-Bestand wurden unter anderem Protokolle von Vorstandssitzungen sowie Korrespondenzen mit Banken und Aufsichtsratsmitgliedern ausgewertet. Im Bestand der früheren Kempinski OHG bzw. der späteren Kempinski GmbH waren vor allem die Berichte der Wirtschaftsprüfungsgesellschaft Deutsche Revisions- und Treuhand AG (DRTAG), sowie ein ausführliches Gutachten des selbstständigen Wirtschaftsprüfers Dr. J. Semler von 1937 aufschlussreich. Da das Unternehmen Kempinski die Rechtsform einer OHG hatte, existieren für diese Firma weder Protokolle von Vorstandssitzungen, noch Korrespondenzen mit Aufsichtsratsvorsitzenden wie im Falle Aschinger. Dies machte die Rekonstruktion von Strategien der jüdischen Inhaber schwierig. Sie musste auf indirektem Wege erfolgen.

Im Bundesarchiv fanden sich Gegenüberlieferungen von zwei Kreditinstituten, der Reichskreditgesellschaft AG (ERKA) und der Deutschen Bank, sowie der DRTAG. Diese sind eine wichtige Ergänzung zum Firmenbestand. Die Akten der Gauverwaltung Berlin, der Finanzämter sowie des Gewerbeamtes Berlin gelten größtenteils als vernichtet. Deshalb sind Unterlagen staatlicher Stellen, die sich mit Kempinski befassen, nur äußerst spärlich überliefert. Für die Spätphase der „Arisierung" 1941 waren die Akten des Oberfinanzpräsidenten Berlin Brandenburg aufschlussreich, hier vor allem jene im Bestand des Finanzamtes Moabit West, in dem die Vermögensverwertungsstelle angesiedelt war. Eine weitere Ergänzung waren die Rückerstattungsakten im Berliner Landesarchiv, der Bestand des Reichskommissars für die Behandlung feindlichen Vermögens im Bundesarchiv, sowie zum Teil Akten aus dem Bestand der Amsterdamer Filiale Kempinskis, die im dortigen „Gemeentearchief" lagern. Frau Prof. Dr. Jersch-Wenzel hat

---

[23] Ebd.

mir zudem freundlicherweise die Abschrift eines Interviews zur Verfügung gestellt. Dieses wurde im Jahre 1990 von Elfi Pracht, Autorin der bislang einzigen Monographie über Kempinski, mit Elisabeth Kohsen geführt. Elisabeth Kohsen war die Tochter des leitenden Geschäftsführers Richard Unger und selbst stille Teilhaberin im Unternehmen. Schließlich konnte ich mit Fritz Teppich, dem Schwager Gerhard Kempinskis, am 1. Juli 2006 in Berlin ein eigenes Interview führen.[24] Auf schriftliche Anfrage teilte schließlich das Bundesamt für zentrale Dienste und offene Vermögensfragen mit, dass auch hier verschiedene abgeschlossene Rückerstattungsverfahren archiviert sind. Da allerdings zum Zeitpunkt der Fertigstellung dieser Studie im Zusammenhang mit dem Unternehmen und dem Grundstück Leipziger Straße 25 / Krausenstraße 72-74 noch ein Gerichtsverfahren anhängig war, hätte bei den Erben eine Einwilligung für die Akteneinsicht eingeholt werden müssen. Dies konnte aufgrund des bemessenen Zeitrahmens der Untersuchung nicht weiter verfolgt werden.

1.6 Forschungsüberblick

An dieser Stelle kann nicht auf die vielfältigen Gründe und die ebenso vielfältige Forschung zur Entstehung des modernen Antisemitismus eingegangen werden. Es sei im Zusammenhang dieser Untersuchung nur darauf hingewiesen, dass die Antisemitismusforschung wiederholt betont hat, wie eng der neue, nicht religiös motivierte Antisemitismus mit der wirtschaftlichen und sozialen Krise der modernen kapitalistischen Gesellschaft verbunden ist.[25] Insbesondere Esra Bennathan vertrat zudem die Ansicht, dass die während der Wirtschaftskrise um 1930 steigende Konkurrenz vor allem in den mittelständischen Gewerbezweigen ein wichtiger Grund für die spätere Verdrängung der jüdischen Gewerbetreibenden während des Nationalsozialismus gewesen sei.[26]

Die Vernichtung jüdischer Gewerbetätigkeit selbst ist, im Schatten des Massenmordes an den europäischen Juden, nur auf ein begrenztes Interesse der Historiker gestoßen. Den Anfang wissenschaftlicher Forschung machte in den sechziger Jahren Helmut Genschel mit seiner Studie über „Die Verdrängung der Juden aus der

---

[24] Für die Familienverhältnisse vgl. den Stammbaum der Familie in dieser Arbeit, S. 96.
[25] Zuerst: Wilhelm Treue, Zur Frage der wirtschaftlichen Motive im deutschen Antisemitismus, in: Deutsches Judentum in Krieg und Revolution 1916-1923, Tübingen 1971, S. 387-408; Helmut Berding, Moderner Antisemitismus in Deutschland, Frankfurt a. M. 1988; Bernd Weisbrod, The Crisis of Bourgeois Society in Interware Germany, in: Richard Bessel (Hrsg.), Fascist Italy and Nazi Germany, comparisons and constrasts, Cambridge 1996, S. 29 ff.
[26] Esra Bennathan, Die Demographie und wirtschaftliche Struktur der Juden, in: Werner E. Mosse (Hrsg.), Entscheidungsjahr 1932, 2. rev. u. erw. Aufl., Tübingen 1966, S. 88-131, hier: S. 131.

Wirtschaft im Dritten Reich".[27] Genschel zeigte auf, dass die NS-Judenpolitik keineswegs konsequent und linear ablief, sondern von Widersprüchen und Phasen taktischer Zurückhaltung geprägt war. Er stützte seine Arbeit dabei vor allem auf die Verordnungen der Reichsregierung und der Zentralbehörden. Viele Aspekte der Enteignungsprozesse, wie etwa die Konflikte zwischen Partei- und Regierungsinstitutionen auf regionaler Ebene, blieben allerdings bei dieser Pionierstudie noch vernachlässigt.[28]

Die zweite grundlegende Monographie stammt von Avraham Barkai.[29] Er rückte verstärkt die jüdische Perspektive in den Mittelpunkt seiner Arbeit. Insbesondere betonte er die Kontinuität und Intentionalität der Enteignungen. Genschel mit seiner strukturgeschichtlichen Analyse und Barkai mit seiner intentionalen Interpretation spiegeln also im Rahmen der „Arisierung" den allgemeinen Streit der NS-Forschung zwischen „Intentionalisten" und „Strukturalisten" wieder.[30] Auch inhaltlich nahmen beide unterschiedliche Bewertungen vor. Genschel hatte noch den Erfolg der nationalsozialistischen Judenpolitik bis 1937 als „recht mäßig" eingeschätzt und die Phase 1933 bis 1937 als „Schonzeit" bezeichnet.[31] Barkai sprach nun von einer „Illusion der Schonzeit" und von im Jahre 1937 schon „weit fortgeschrittenen ‚Arisierungen'".[32] 1937 hätten lediglich die Restbestände jüdischer Gewerbetätigkeit beseitigt werden müssen. Auch die von Genschel behauptete Schutzfunktion von Reichswirtschaftminister Schacht wurde von Barkai in Frage gestellt.[33]

Götz Aly und Susanne Heim haben 1991 in einer Studie die ideologischen Hintergründe der „Arisierung" zurückgewiesen und die ökonomisch-utilitaristischen Aspekte hervorgehoben. Die Vernichtung jüdischer Gewerbetätigkeit sei ein Akt ökonomischer Modernisierung gewesen, der auf die strukturelle Bereinigung „ü-

---

[27] Helmut Genschel, Die Verdrängung der Juden aus der Wirtschaft im Dritten Reich, Göttingen 1966.

[28] Von Genschels Ergebnissen beeinflusst: Uwe Dietrich Adam, Judenpolitik im Dritten Reich, Düsseldorf 1972.

[29] Avraham Barkai, Vom Boykott zur „Entjudung". Der wirtschaftliche Existenzkampf der Juden im Dritten Reich 1933-1943, Frankfurt/M 1987. Dien Forschungsstand fasst zusammen: Wolfgang Mönninghoff, Enteignung der Juden. Wunder der Wirtschaft, Erbe der Deutschen, Hamburg 2001.

[30] Für einen Überblick vgl. Ian Kershaw, Der NS-Staat. Geschichtsinterpretationen und Kontroversen im Überblick, Reinbek 1988, S. 80ff.

[31] Genschel 1966, S. 140.

[32] Avraham Barkai, „Schicksalsjahr 1938". Kontinuität und Verschärfung der wirtschaftspolitischen Ausplünderung der deutschen Juden, in: Walter H. Pehle (Hrsg.), Der Judenpogrom 1938. Von der „Reichskristallnacht" zum Völkermord, Frankfurt a. M. 1988, S. 94-117, hier: S. 95.

[33] Zum gleichen Ergebnis kommt: Albert Fischer, Hjalmar Schacht und Deutschlands „Judenfrage". Der „Wirtschaftsdiktator" und die Vertreibung der Juden aus der deutschen Wirtschaft, Köln 1995.

bersetzter" Wirtschaftsbereiche gezielt habe.[34] Diese These stieß jedoch auf breite Ablehnung. Man dürfe, so der Grundtenor, nicht die ideologische Dimension der Judenverfolgung vernachlässigen und die nationalsozialistische Politik nachträglich rationalisieren.[35]

Erst in jüngerer Zeit wurden jenseits dieser Debatten die tatsächliche Praxis der „Arisierungen", die zuständigen Genehmigungsinstanzen und der Kreis der Beteiligten und Profiteure näher untersucht. Gerhard Kratzsch analysierte die Funktion der Gauwirtschaftsberater der NSDAP bei der „Arisierung" der deutschen Wirtschaft beispielhaft am Gau Westfalen-Süd. Im Gegensatz zu Barkai, der die Gauwirtschaftsberater als „ideale Vollzugsorgane"[36] im Verdrängungsprozess beschrieben hatte, kam Kratzsch zu einer vorsichtigeren Bewertung. Der Gauwirtschaftsberater, so Kratzschs Einschätzung für den Gau Südwestfalen, „…wirkte mit, nahm Stellung, war aber kein Vollzugsorgan."[37]

Die Rolle der deutschen Unternehmer bei den „Arisierungen" skizzierte erstmals Avraham Barkai.[38] Ihm zufolge haben sich viele mittelständische und auch großindustrielle Unternehmer zu „Komplizen" der Nationalsozialisten gemacht. Peter Hayes differenzierte dieses Urteil in seiner Studie über Großunternehmer. Deren Verhalten sei eine komplexe Mischung aus Distanz und Ablehnung einerseits sowie Verstrickung andererseits gewesen und dürfe nicht mit den mittelständischen NSDAP-Anhängern gleichgesetzt werden. Die deutsche Wirtschaftselite sei, auch wenn ihre Vorbehalte zunehmend erodierten, nur unterdurchschnittlich an der „Arisierung" beteiligt gewesen.[39]

Auch die Deutschen Großbanken waren in jüngster Zeit vermehrt Gegenstand von Untersuchungen.[40] Insbesondere die Dresdner Bank tat sich bei der „Arisie-

---

[34] Götz Aly / Susanne Heim, Vordenker der Vernichtung. Auschwitz und die deutschen Pläne für eine neue europäische Ordnung, Hamburg 1991, S. 33-43.

[35] Unter anderen: Ulrich Herbert, Rassismus und rationales Kalkül. Zum Stellenwert utilitaristisch verbrämter Legitimationsstrategien in der nationalsozialistischen „Weltanschauung", in: Wolfgang Schneider (Hrsg.), „Vernichtungspolitik". Eine Debatte über den Zusammenhang von Sozialpolitik und Genozid im nationalsozialistischen Deutschland, Hamburg 1991, S. 25-35; Dan Diner, Rationalisierung und Methode. Zu einem neuen Erklärungsversuch der „Endlösung", in: Vierteljahreshefte für Zeitgeschichte 40 (1992), S. 359-382.

[36] Barkai 1987, S. 74ff.

[37] Gerhard Kratzsch, Der Gauwirtschaftsapparat der NSDAP: Menschenführung, "Arisierung", Wehrwirtschaft im Gau Westfalen-Süd; eine Studie zur Herrschaftspraxis im totalitären Staat, Münster 1989, S. 116.

[38] Avraham Barkai, Deutsche Unternehmer und Judenpolitik im „Dritten Reich", in: Geschichte und Gesellschaft 15 (1989), S. 227-247.

[39] Hayes 1994, S. 272.

[40] Harold James, Die Deutsche Bank und die „Arisierung", München 2001; Bernhard Lorentz, Die Commerzbank und die „Arisierung" im Altreich. Ein Vergleich der Netzwerkstrukturen und Handlungsspielräume von Großbanken in der NS-Zeit, in: Vierteljahreshefte für Zeitgeschichte 50 (2002), S. 237-268; Ziegler 2001; Herbst 2004; Dieter Ziegler, Die Dresdner Bank und die Juden, München 2006.

rung" mit einer „branchenunüblichen Aggressivität" hervor.[41] Doch auch die Deutsche Bank und, in geringerem Maße, die Commerzbank waren in die „Arisierungspraxis" involviert. Harold James machte in seiner Studie zur Deutschen Bank deutlich, dass der unternehmerische Gewinn dabei nur eines der bestimmenden Handlungskalküle war. Zunehmend habe für die Banken auch der Kampf um politischen Einfluss in einer politisch überformten Ökonomie wachsende Bedeutung erlangt.[42]

Frank Bajohr hat die Forschung mit seiner Studie über die „Arisierung" in Hamburg um eine entscheidende Perspektive erweitert. Er forderte erstmals, dass die klassische Perspektive der Judenpolitik, „...welche die wirtschaftliche Ausgrenzung und Verfolgung in erster Linie als eine Abfolge legislativ-administrativer Maßnahmen darstellt, gesellschaftsgeschichtlich erweitert werden muss."[43] Indem Bajohr neben den administrativen Maßnahmen vor allem informelle Strukturen, personale Netzwerke und Interessenkartelle in den Vordergrund rückte, hat er deutlich gemacht, auf welch vielfältige Weise die deutsche Gesellschaft an diesem Prozess mitgewirkt hat.[44]

Gerade diese informellen Strukturen und gesellschaftlichen Prozesse lassen sich auf regionaler und lokaler Ebene am besten untersuchen. Es mangelt auch nicht an regionalgeschichtlichen Darstellungen zur Judenverfolgung. Doch gehen diese sowohl auf die Wirtschaftstätigkeit der Juden insgesamt als auch auf die „Arisierungen" nur am Rande ein.[45] Inzwischen existieren einige regionalhistorische Spezialstudien.[46] Doch behandeln diese zumeist nur kleinere Städte, die für die

---

[41] Christopher Kopper, Zwischen Marktwirtschaft und Dirigismus, Bankenpolitik im „Dritten Reich" 1933-1945, Bonn 1995, S. 278.

[42] James 2001, S. 216.

[43] Bajohr 1997.

[44] Auf diesen Ergebnissen aufbauend: wie Anmerkung 12-14.

[45] Zu den wichtigsten gehören: Regina Bruss, Die Bremer Juden unter dem Nationalsozialismus, Bremen 1983; Kommission zur Erforschung der Geschichte der Frankfurter Juden (Hrsg.), Dokumente zur Geschichte der Frankfurter Juden 1933-1945, Frankfurt 1963; Hans-Joachim Fliedner, Die Judenverfolgung in Mannheim 1933-1945, 2 Bde., Stuttgart 1971; Peter Hanke, Zur Geschichte der Juden in München zwischen 1933 und 1945, München 1967; Ulrich Knipping, Die Geschichte der Juden in Dortmund während der Zeit des Dritten Reiches, Dortmund 1977; Erwin Knauss, Die jüdische Bevölkerung Gießens, 1933-1945. Eine Dokumentation, Wiesbaden 1976. Eine Übersicht ferner bei Michael Ruck, Bibliographie zum Nationalsozialismus, Köln 1995, S. 370-394.

[46] Barbara Händler-Lachmann / Thomas Werther, Vergessene Geschäfte, verlorene Geschichte. Jüdisches Wirtschaftsleben in Marburg und seine Vernichtung im Nationalsozialismus, Marburg 1992; Alex Bruns-Wüstefeld, Lohnende Geschäfte. Die „Entjudung" der Wirtschaft am Beispiel Göttingens, Hannover 1997; Franz Fichtl u. A., „Bambergs Wirtschaft judenfrei". Die Verdrängung der jüdischen Geschäftsleute in den Jahren 1933 bis 1939, Bamberg 1998; Hans-Christian Dahlmann, „Arisierung" und Gesellschaft in Witten. Wie die Bevölkerung einer Ruhrgebietsstadt das Eigentum ihrer Jüdinnen und Juden übernahm, Münster u. a. 2001; Werkstattfilm e.V. (Hrsg.), Ein offenes Geheimnis. „Arisierung" in Alltag und Wirtschaft in Oldenburg zwischen 1933 und 1945, Oldenburg 2001; Andrea Brucher-Lembach, „...wie Hunde auf ein Stück Brot." Die „Arisierung" und der Versuch der Wiedergutmachung in Freiburg, Bremgarten 2004.

Wirtschaftstätigkeit deutscher Juden insgesamt nur von marginaler Bedeutung waren. Über die wirtschaftliche Existenzvernichtung von Juden in den großen deutschen Städten, in denen die Mehrzahl der deutschen Juden lebte, existieren lediglich für Hamburg, München und Köln wissenschaftlichen Kriterien genügende Arbeiten.[47] Angesichts der Konzentration jüdischer Gewerbetätigkeit in den deutschen Großstädten ist das Fehlen weiterer wissenschaftlicher Lokalstudien zur „Arisierung" in den deutschen Großstädten unverständlich.

Dies gilt umso mehr für Berlin, die deutsche Reichshauptstadt, in der ein Drittel aller Juden in Deutschland lebte. Zum jüdischen Leben in Berlin während des Nationalsozialismus existieren erstaunlich wenige Publikationen. Eine entsprechende Monographie zum Thema steht noch aus.[48] Darüber hinaus dominiert in der Forschung zum Berliner Judentum augenscheinlich die Bedeutung Berlins als kulturelle und nicht als wirtschaftliche Metropole. Die wirtschaftliche Bedeutung Berlins wurde selten mit der Geschichte der Berliner Juden in Verbindung gebracht.[49] Dies spiegelt sich auch in den Publikationen zur Geschichte der Juden der einzelnen Stadtteile wider, die die ausführlichste Basis für eine Stadtgeschichte der Berliner Juden bilden, oftmals jedoch kaum akademischen Standards genügen und jüdische Unternehmen nur am Rande erwähnen.[50] Die Ausschaltung der

---

[47] Zu Hamburg vgl. Bajohr 1997. Zu München: Rappl 2000, S. 123-184; Wolfram Selig, Leben unterm Rassenwahn. Vom Antisemitismus in der „Hauptstadt der Bewegung", Berlin 2001; ders., „Arisierung" in München. Die Vernichtung jüdischer Existenz 1937-1939, Berlin 2004; Angelika Baumann / Andreas Heusler (Hrsg.), München „arisiert". Entrechtung und Enteignung der Juden in der NS-Zeit, München 2004. Zu Köln: Britta Bopf, „Arisierung" in Köln. Die Wirtschaftliche Existenzvernichtung der Juden 1933-1945, Köln 2004.

[48] Grundlegend sind die zwei Sammelbände: Beate Meyer / Hermann Simon (Hrsg.), Juden in Berlin 1938-1945. Begleitband zur gleichnamigen Ausstellung in der Stiftung „Neue Synagoge Berlin – Centrum Judaicum", Berlin 2000; Andreas Nachama (Hrsg.), Die Juden in Berlin, Berlin 2001; Reinhard Rürup (Hrsg.), Jüdische Geschichte in Berlin. Bd.1: Essays und Studien, Bd.2: Bilder und Dokumente, Berlin 1995.

[49] Einen Überblick bietet Gabriel Alexander, Die jüdische Bevölkerung Berlins in den ersten Jahrzehnten des 20. Jahrhunderts. Demographische und wirtschaftliche Entwicklungen, in: Reinhard Rürup (Hrsg.): Jüdische Geschichte in Berlin, Bd. 1: Essays und Studien Berlin 1995, S. 117-148.

[50] Burkhard Asmuss / Andreas Nachama, Zur Geschichte der Juden in Berlin und das Jüdische Gemeindezentrum in Charlottenburg, in : Wolfgang Ribbe (Hrsg.), Von der Residenz zur City. 275 Jahre Charlottenburg, Berlin 1980, S. 165-228; Berliner Geschichtswerkstatt (Hrsg.), Projektgruppe: Christine Zahn: Fundstücke...Fragmente...Erinnerungen...Juden in Kreuzberg, Berlin 1991; Bezirksamt Weißensee von Berlin (Hrsg.), Juden in Weißensee. „Ich hatte einst ein schönes Vaterland", Berlin 1994; Bund der Antifaschisten Berlin-Pankow e.V. (Hrsg.), Red. Inge Lammel, Jüdisches Leben in Pankow. Eine zeitgeschichtliche Dokumentation, Berlin 1993; Hans Werner Fabricius, Juden in Marienfelde, Berlin 1990; Regina Girod / Reiner Lidschun / Otto Pfeiffer, Nachbarn. Juden in Friedrichshain, Berlin 2000; Horst Helas, Juden in Berlin-Mitte. Biographien, Orte, Begegnungen Berlin 2000; Alois Kaulen / Joachim Pohl, Juden in Spandau vom Mittelalter bis 1945, Berlin 1988; Dorothea Kolland (Hrsg.), „Zehn Brüder waren wir gewesen..." Spuren jüdischen Lebens in Berlin-Neukölln, Berlin 1988; Thea Korberstein / Norbert Stein (Hrsg.), Juden in Lichtenberg (mit den früheren Ortsteilen in Friedrichshain, Hellersdorf und Marzahn), Berlin 1995; Kulturamt Prenzlauer Berg, Prenzlauer Berg Museum für Heimatgeschichte und Stadtkultur (Hrsg.), Leben mit der Erinnerung. Jüdische Geschichte in Prenzlauer Berg, Berlin 1997; Gerd Lüdersdorf, Es war

---

Juden aus der Berliner Wirtschaft während des Nationalsozialismus ist nach wie vor so gut wie unerforscht. Gesamtdarstellungen existieren nicht, und institutionengeschichtliche Untersuchungen stehen noch am Anfang.[51] Welche Verwaltungsbereiche waren innerhalb des Magistrats verantwortlich für die ersten Handlungen der Stadtverwaltung, die jüdisches Eigentum betrafen? Welche Auswirkungen hatte der Status Berlins als Reichshauptstadt auf die Vernichtung jüdischer Gewerbetätigkeit? Welche informellen Netzwerke kamen zwischen Wirtschaftsverbänden, Verwaltung und Partei zum tragen? Zu diesen Fragen können bislang nur Hypothesen anhand von einigen wenigen Einzelfällen aufgestellt werden.

Verschiedene jüdische Firmen in Berlin wurden bislang im Rahmen von Unternehmensgeschichten untersucht. Diese sind jedoch Unternehmensgeschichten im eigentlichen Sinne, sie behandeln den gesamten Zeitraum seit Gründung der Firma und gehen daher auf Liquidation oder Verkauf nur am Rande ein.[52] Die methodischen Errungenschaften der modernen Unternehmensgeschichte fanden dabei in jüdischen Unternehmensgeschichten bislang kaum Beachtung.[53] Gerade die Geschichte jüdischer Unternehmen wird allzu oft als eine Personen- oder Familiengeschichte geschrieben.[54] Dagegen sind unternehmenshistorische Fachstudien

---

ihr Zuhause. Juden in Köpenick, Berlin 1998; Auf „Arisierungen" gehen näher lediglich die Publikationen über Pankow, Prenzlauer Berg sowie Marienfelde.

[51] Bislang lediglich: Wolf Gruner, Judenverfolgung in Berlin. Eine Chronologie der Behördenmaßnahmen in der Reichshauptstadt, Berlin 1996; Katharina Ruth Kaiser, Verfolgung und Verwaltung. Die Rolle der Finanzbehörden bei der wirtschaftlichen Ausplünderung der jüdischen Bevölkerung in Berlin. Dokumentation einer Ausstellung im Haus am Kleistpark, Gedenk- und Bildungsstätte Haus der Wannsee-Konferenz, Haus am Kleistpark (Hrsg.), Berlin 2003; Christoph Biggeleben, Kontinuität von Bürgerlichkeit im Berliner Unternehmertum. Der Verein Berliner Kaufleute und Industrieller (1879-1961), in: Berghahn, Volker/Unger, Stefan/Ziegler, Dieter (Hrsg.), Die deutsche Wirtschaftselite im 20. Jahrhundert: Kontinuität und Mentalität, Essen 2003, S. 241-274.

[52] Simone Ladwig-Winters, Wertheim. Ein Warenhausunternehmen und seine Eigentümer. Ein Beispiel der Entwicklung der Berliner Warenhäuser bis zur „Arisierung", Münster 1997; Pracht 1994; Wilhelm Treue, Das Bankhaus Mendelssohn als Beispiel einer Privatbank im 19. und 20. Jahrhundert, in: Mendelssohn-Studien 1 (1972), S. 29-80; Petra Woidt, Pankow und die Königin von Saba. Eine Firmen- und Familiengeschichte, Berlin 1997; Inka Bertz, „Keine Feier ohne Meyer". Die Geschichte der Firma Hermann Meyer & Co., 1890-1990, Berlin 1990; üdisches Museum Berlin (Hrsg.), „Dem deutschen Volke". Die Geschichte der Berliner Bronzegießerei Loewy. Ausstellungsbegleitbuch, Berlin 2003; Kilian Steiner, Ortsempfänger, Volksfernseher und Optaphon. Die Entwicklung der deutschen Radio- und Fernsehindustrie und das Unternehmen Loewe 1923-1962, Essen 2005.

[53] Für einen Überblick vgl. auch Paul Erker, „A new business history"? Neuere Ansätze und Entwicklungen der Unternehmensgeschichte, in: Archiv für Sozialgeschichte 42 (2002), S. 557-604; Jan-Otmar Hesse u. a. (Hrsg.), Kulturalismus, Neue Institutionenökonomik oder Theorienvielfalt. Eine Zwischenbilanz der Unternehmensgeschichte, Essen 2002; Werner Plumpe, Perspektiven der Unternehmensgeschichte, in: Günther Schulz (Hrsg.), Sozial- und Wirtschaftsgeschichte - Arbeitsgebiete, Probleme, Perspektiven. 100 Jahre Vierteljahresheft für Zeitgeschichte (Vierteljahresheft für Sozial- und Wirtschaftsgeschichte, Beiheft 169), Stuttgart 2004.

[54] So etwa die Publikation über Wertheim (Ladwig-Winters 1997) oder Hermann Meyer (Bertz 1990).

oftmals auf die Täterperspektive, auf „Arisierungsprofiteure" wie IG-Farben oder die Dresdner Bank beschränkt.[55] Zudem gibt es bei den Darstellungen von Einzelunternehmen zumeist keine übergeordneten Fragestellungen. Es werden nur ausdifferenzierte Faktenergebnisse präsentiert.[56] Dies gilt gerade auch für die Arbeiten zu jüdischen Unternehmen. Nur zu drei Berliner Unternehmen existieren spezielle Studien zum Vorgang der „Arisierung".[57]

Kempinski selbst wurde bislang in einer wissenschaftlichen Veröffentlichung behandelt.[58] Diese geht allerdings auf die „Arisierung" jedoch ebenfalls nur im Rahmen einer allgemeinen Unternehmensgeschichte ein. Hinzu kommt die bereits erwähnte, ungenügende Quellenlage bei Entstehung dieses Buches. Nur sehr knapp wird die Übernahme Kempinskis in der einzigen Monographie über den „Ariseur", die Aschinger AG, beschrieben.[59] Äußerst kurze Erwähnung findet der Fall Kempinski darüber hinaus noch in der Monographie von Wolfgang Mönninghoff über die Enteignung der Juden.[60] Seine Thesen sind jedoch irreführend, wie noch zu zeigen sein wird.

---

[55] Exemplarisch geht folgender Band nur am Rande auf jüdische Unternehmer ein: Werner Abelshauser, Jan-Otmar Hesse und Werner Plumpe (Hrsg.), Die Unternehmen im National sozialismus - Eine Zwischenbilanz, in: Wirtschaftsordnung, Staat und Unternehmen. Neuere Forschungen zur Wirtschaftsgeschichte des Nationalsozialismus. Festschrift für Dietmar Petzina zu seinem 65. Geburtstag, Essen 2003.

[56] Rolf Banken, Kurzfristiger Boom oder langfristiger Forschungsschwerpunkt? Die neuere Unternehmensgeschichte und die Zeit des Nationalsozialismus, in: Geschichte in Wissenschaft und Unterricht 56 (2005), S. 183-196.

[57] Henning Kahmann, Die Bankiers von Jaquiers & Securius 1933-1945. Eine rechtshistorische Fallstudie zur „Arisierung" eines Berliner Bankhauses, Frankfurt/M, u.a. 2002; Beate Meyer, „Arisiert" und ausgeplündert. Die jüdische Fabrikantenfamilie Garbáty, in: dies. / Hermann Simon (Hrsg.), Juden in Berlin 1938-145. Begleitband zur gleichnamigen Ausstellung in der Stiftung „Neue Synagoge Berlin – Centrum Judaicum", Berlin 2000, S. 77-88; Jens Schnauber, Die „Arisierung" der Scala und Plaza, Varieté und Dresdner Bank in der NS-Zeit, Berlin 2002.

[58] Pracht 1994; literarisch-anekdotisch gehalten und ohne wissenschaftlichen Wert: Hans Ermann, Berlin bei Kempinski, Berlin 1954.

[59] Glaser 2004. Andreas Conrad notierte treffend in einer Rezension im Tagespiegel: „Die Übernahme der M. Kempinski & Co. wäre mehr als nur drei Seiten wert gewesen." (Tagesspiegel vom 16. 03. 2005). Ferner gehen auf Kempinski am Rande ein: Baldur Köster, Berliner Gaststätten von der Jahrhundertwende bis zum Ersten Weltkrieg; Berlin (Diss.) 1964; sowie Keith Allen, Hungrige Metropole. Essen, Wohlfahrt und Kommerz in Berlin, Hamburg 2002.

[60] Vgl. Anmerkung 33.

2 HAUPTTEIL

2.1 Rahmenbedingungen

2.1.1 Die Vernichtung jüdischer Gewerbetätigkeit im „Altreich"

2.1.1.1 Weimarer Antisemitismus, Machtergreifung und -konsolidierung der NSDAP

Schon in der frühen Weimarer Republik hatte es Boykottaktionen gegen jüdische Geschäfte gegeben.[61] In den Nachkriegswirren und ersten Weimarer Jahren waren es aber weniger organisierte Boykotte, sondern vornehmlich spontane Plünderungen von jüdischen Geschäften, die für Aufsehen sorgten. Politisches Chaos, Hungersnot und Kohleknappheit steigerten den Hass gegen die so genannten Kriegs- und Inflationsgewinnler.[62] In den Folgejahren kam es immer wieder zu punktuellen Boykottaktionen, vornehmlich gegen Geschäftsleute, Ärzte oder Rechtsanwälte.[63] 1924/25 wurden die ersten organisierten Boykotte von der DNVP, der NSDAP und der Deutschvölkischen Partei insbesondere im Osten Deutschlands initiiert. In der kurzen, relativ stabilen Phase der Weimarer Republik zwischen 1925 und 1928 scheint es nur vereinzelt Boykotte gegeben zu haben, doch seit 1929 nahm ihre Zahl sprunghaft zu.[64] Der zeitliche Zusammenhang zwischen Wirtschaftskrise und Boykottaktionen zeigt dabei deutlich, wie eng offenbar antisemitische Maßnahmen mit der sozioökonomischen Stabilität der Gesellschaft verbunden waren.

Ende 1930 setzten dann nationalsozialistische Boykottaufforderungen mit ungeheurer Macht ein.[65] Die stärker werdende NSDAP bemühte sich um einen systematischen Boykott jüdischer Geschäfte. Zwar mahnte die Parteiführung in diesen

---

[61] Für einen Überblick vgl. Sibylle Morgenthaler, Countering the Pre-1933 Nazi Boycott against the Jews, in: Leo-Baeck-Institute Year Book 36 (1991), S. 127-149.

[62] Martin H. Geyer, Teuerungsprotest und Teuerungsunruhen 1914-1923. Selbsthilfe und Geldentwertung, in; Manfred Gailus / Heinrich Volkmann (Hrsg.), Der Kampf um das tägliche Brot. Nahrungsmittel, Versorgungspolitik und Protest 1770-1990, Opladen 1994, S. 319-345, hier: S. 325 sowie: Gerald D. Feldman, Max Warburg, Hugo Stinnes und das Problem des Antisemitismus in der frühen Weimarer Republik, in: Michael Grüttner u. A. (Hrsg.), Geschichte und Emanzipation. Festschrift für Reinhard Rürup, Frankfurt a. M. 1999, S. 315-332, hier: S. 316.

[63] Morgenthaler 1991, S. 148f.

[64] Cornelia Hecht, Deutsche Juden und Antisemitismus in der Weimarer Republik, Bonn 2003, S. 336.

[65] Centralverein an die Landesverbände und Ortsgruppen vom 10. Dezember 1930, zit. nach Arnold Paucker, Der jüdische Abwehrkampf gegen Antisemitismus und Nationalsozialismus in den letzten Jahren der Weimarer Republik, Hamburg 1968, S. 196f.

Jahren noch offiziell zur Zurückhaltung in der „Judenfrage", doch ihr „Klein-krieg" (Longerich) war wesentlicher Bestandteil der lokalen Machteroberungsstra-tegie.[66] Politische Fragen wurden in die nachbarschaftlichen Strukturen hineinge-tragen und das alltägliche Einkaufsverhalten zu einer weltanschaulichen Grundsatzentscheidung gemacht.

Insgesamt sind die wirtschaftlichen Folgen der Weimarer Boykotte nur schwer einzuschätzen. Die ältere Forschung hat die Auswirkungen als relativ gering be-wertet.[67] Doch zumindest in einigen ländlichen Regionen, besonders im Osten, trafen die Boykotte kleinere Geschäfte, Rechtsanwälte und Ärzte empfindlich und konnten durchaus Existenz bedrohend sein.[68] Die Bedeutung der Boykotte scheint aber zuvorderst im „…Einsickern antisemitischer Ressentiments in die gesell-schaftlichen Infrastrukturen…"[69] zu liegen. Die Verquickung von Alltagshandeln und politischer Weltanschauung wurde unbewusst eingeübt, durch Gewöhnung eine zunehmende Akzeptanz oder zumindest Gleichgültigkeit gegenüber derarti-gen Aktionen erreicht. Aus jüdischer Sicht war Antisemitismus schon in der Weimarer Republik keine Rand- sondern eine Massenerscheinung, „…die den normalen Umgang von jüdischen und nichtjüdischen Deutschen erheblich beein-trächtigte."[70] Auf diesen Grundlagen konnte die nationalsozialistische Judenpoli-tik nach 1933 aufbauen.

Dementsprechend bedurfte es nach dem 30. Januar 1933 auch keiner Initialzün-dung seitens des NS-Regimes. Der Terror der Machtergreifungsphase war noch nicht der Ausdruck einer koordinierten Judenpolitik, sondern eines Antisemitis-mus „von unten". Die Aktionen waren nicht von der Parteiführung organisiert, sondern zumeist getragen von Initiativen lokaler Kader, Bürgermeistern sowie Berufsverbänden, die sich in der Weltwirtschaftskrise besonders bedrängt fühl-ten.[71] Neben den Ostjuden in den Großstädten waren es vor allem die jüdischen Einzelhändler, gegen die sich die Gewalt richtete. Schaufensterscheiben wurden eingeworfen oder mit antisemitischen Losungen beschmiert, Besitzer misshandelt. Vor größeren jüdischen Geschäften behinderten uniformierte Posten den Verkauf. Vielerorts erschienen in Geschäften „Kommissare", die versuchten, diese zu schließen oder zu enteignen.[72]

---

[66] Peter Longerich, Politik der Vernichtung. Eine Gesamtdarstellung der nationalsozialistischen Judenverfolgung, München 1998, S. 21.

[67] Moshe Zimmermann, Die deutschen Juden 1914-1945, München 1996, S. 44; sowie Eva G. Reichmann, Flucht in den Hass. Die Ursachen der Judenkatastrophe, Frankfurt a. M. 1956, S. 279.

[68] Hecht 2003, S. 344

[69] Ebd.

[70] Ebd., S. 403.

[71] Bajohr, 1997, S. 28.

[72] Bajohr 1997, S. 27-32.

Zunächst war der antisemitische Terror der Machtergreifung, der „Volkszorn", der nationalsozialistischen Regierung durchaus willkommen, doch die Bewegung entwickelte vielerorts eine Radikalität und Eigendynamik, die von der Regierung weder erwünscht noch initiiert war. Da die Aktionen die politische und ökonomische Konsolidierung in den kritischen Monaten der Wirtschaftskrise gefährdeten, musste die Parteiführung die unkoordinierten Angriffe übereifriger Aktivisten einschränken.[73] Dies änderte gleichwohl nichts an der Tatsache, dass die Parteiführung nach wie vor am Ziel der „Entjudung" der deutschen Wirtschaft festhielt, nur sollte diese zu einem politisch und ökonomisch günstigeren Zeitpunkt erfolgen.

Um den lokalen Kadern, insbesondere dem „Kampfbund für den gewerblichen Mittelstand" entgegen zu kommen, wurde am 1. April 1933 ein reichsweiter, umfassender Boykott jüdischer Geschäfte organisiert.[74] Dieser war hinsichtlich Umfang und Organisationsgrad neuartig. NSDAP und die SA ließen Zettel an jüdische Geschäfte kleben, die verboten, die entsprechenden Geschäfte zu betreten. Zusätzlich wurden SA-Posten aufgestellt und im ganzen Reich Umzüge veranstaltet. Dass eine derart umfassende Aktion in kaum drei Tagen im ganzen Reich organisiert werden konnte, dürfte in den Erfahrungen begründet liegen, die vielerorts in der Weimarer Zeit schon mit Boykotten gesammelt worden waren.

Doch trotz hohem organisatorischen Aufwand und der großen Reichweite des Boykotttages ist seine Bedeutung in der Forschung umstritten.[75] Einerseits wagte es die Mehrheit der Bevölkerung nicht, die bewachten Geschäfte zu betreten. Andererseits widersetzten sich, insbesondere in den Großstädten, zahlreiche Menschen den Aufrufen und kauften demonstrativ bei Juden ein. Nach drei Tagen wurde die Aktion beendet. Seinen Hauptzweck hatte er erfüllt: Die Parteiführung konnte durch ihr symbolisch-aktionistisches Vorgehen gegen die Juden ihrer Basis beweisen, dass die Judenpolitik ein zentraler Bestandteil nicht nur der nationalsozialistischen Ideologie, sondern auch der praktischen Politik nach der Machtergreifung war. Zudem bereitete der Boykott den Weg für die nun folgende, zunehmende wirtschaftliche Diskriminierung und Verdrängung, die zwar verdeckt, aber dennoch konsequent vorangetrieben wurde.[76]

Die antijüdische Gesetzgebung beschränkte sich 1933 allerdings nur auf einige wenige Bereiche. In direkter Folge des Boykottes wurde am 7. April das „Gesetz zur Wiederherstellung des Berufsbeamtentums" erlassen.[77] Es bedeutete die

---

[73] Genschel 1966, S. 61f.
[74] Zum April-Boykott vgl. Barkai 1988, S. 28.
[75] Karl Schleunes, The Twisted Road to Auschwitz. Nazi Policy towards German Jews 1933-1939, Urbana u. A. 1970, S. 70ff. sowie Adam 1972, S. 61.
[76] Barkai 1988, S. 30.
[77] Reichsgesetzblatt 1933 I, S. 175-177.

Gleichschaltung des öffentlichen Dienstes unter anderem durch Entlassung aller jüdischen Angestellten. Ausgenommen waren nur Frontkämpfer des Ersten Weltkrieges. Darüber hinaus wurden Juden aus den Steuerausschüssen bei den Finanzämtern und aus der Steuerberatung ausgeschlossen. Damit war eine wichtige Grundlage für eine strengere Auslegung der Steuervorschriften gegenüber Juden geschaffen. Weitere Aktionen blieben jedoch zunächst aus Rücksicht auf das Ausland und die Konsolidierung der deutschen Wirtschaft aus. Am 7. Juli erklärte Hitler die nationalsozialistische Revolution für beendet. Eine Entlassungs- und Verhaftungswelle innerhalb der SA sowie die faktische Auflösung des „Kampfbundes" brachten die unteren Partei- und Wirtschaftsfunktionäre unter Kontrolle. Auch wenn dies nicht überall wirksam durchgesetzt werden konnte, gelang es der Regierung dennoch, auf diese Weise die ungezügelten Eingriffe lokaler Kader in die Wirtschaft zumindest abzubremsen. [78]

Es folgten subtilere, überwiegend gewaltlose Maßnahmen, für die sich in der Forschung der Begriff der „schleichenden Arisierung" etabliert hat.[79] Diese Methode erwies sich als äußerst effektiv: Barkai schätzt, dass bereits Mitte 1935 etwa 20 bis 25 Prozent aller jüdischen Betriebe „liquidiert" oder „arisiert" waren – vornehmlich, aber nicht ausschließlich, in Dörfern und Kleinstädten.[80]

2.1.1.2 Die „Schleichende Verfolgung" 1935-1938

Das Jahr 1935 brachte eine neue Welle antisemitischer Ausschreitungen. Diese waren eine für die nationalsozialistische Judenpolitik charakteristische Melange aus teils inszeniertem „Volkszorn", teils außer Kontrolle geratenden gewalttätigen Übergriffen, die von der Polizei- und Parteiführung schließlich untersagt wurden, denen dann jedoch, scheinbar um den „Volkszorn" zu besänftigen, eine verschärfte antijüdische Gesetzgebung folgte. Ab August 1935 durften keine jüdischen Geschäfte mehr neu eröffnet werden. Soweit wie möglich sollten keine öffentlichen Aufträge mehr an Juden vergeben werden. Am 15. September schließlich verkündete Hitler die Nürnberger Gesetze.[81] Sie beraubten die Juden ihrer vollen staatsbürgerlichen Rechte und stellten die legislative Grundlage für die spätere Verdrängung, Verfolgung und Vernichtung dar. Mit den Nürnberger Gesetzen setzte sich zudem endgültig eine rassische Definition des Judentums durch. Aus der jüdischen Gemeinde ausgetretene, getaufte Juden waren nun ebenso wie ihre Kinder

---

[78] Genschel 1966, S. 63.
[79] Zuerst: Genschel 1966, S. 60ff.; vgl. auch den Abschnitt über „Arisierung" als gesellschaftlichen Prozess in dieser Arbeit, S. 26.
[80] Barkai 1988, S. 117ff.
[81] Vgl. Eberhard Otto, Die Nürnberger Gesetze von 1935. Voraussetzungen und folgen, in: Tribüne. Zeitschrift zum Verständnis des Judentums 34 (1995), S. 61-63.

den gleichen Schikanen ausgesetzt wie die „Glaubensjuden". Genuin wirtschaftliche Judengesetze wurden 1935 jedoch wider Erwarten nicht beschlossen.[82] Barkai
hat darauf hingewiesen, dass es gerade die unklare Gesetzeslage war, die „...die
beste Atmosphäre für eine graduelle Ausschaltung der Juden aus dem aktiven
Wirtschaftsleben schuf."[83] Die „schleichende Arisierung" seit 1934 hatte sich be-
währt und wurde weiter verfolgt.

Nachdem die deutsche Wirtschaft gegen Ende des Jahres 1936 die Vollbeschäfti-
gung erreicht hatte und Deutschland nach den Olympischen Spielen nicht mehr im
Zentrum der Weltöffentlichkeit stand, wurde der Druck auf jüdische Unternehmen
größer. Genschel spricht von einem „allmählichen Übergang von der schleichenden Verdrängung zur offenen Ausschaltung der Juden aus der Wirtschaft."[84] Auch
Bajohr datiert den Beginn der systematischen Verdrängung der Juden auf die die
Jahre 1936/37. Eine entscheidende Wende in der nationalsozialistischen Judenpolitik stellte der Machtwechsel an der Spitze des Wirtschaftsministeriums dar. Im
Herbst 1937 wurde Hermann Göring zum Beauftragten für den Vierjahresplan
ernannt, im November trat Hjalmar Schacht als Wirtschaftsminister und General-
bevollmächtigter für die Kriegswirtschaft zurück. Die Forschung ist sich einig,
dass spätestens zu diesem Zeitpunkt, am Ende des Jahres 1937, die systematische
und endgültige Ausschaltung der Juden aus der deutschen Wirtschaft von staatlicher Seite aus geplant und initiiert wurde.[85] Hinzu kommt, dass im selben Zeitraum die deutsche Wirtschaft ihre erste Expansionsphase nach der Weltwirtschaftskrise erlebte. Bislang hatten Betriebe zumeist noch unausgenutzte Kapazitäten besessen und über wenig Kapital verfügt. Doch nun strebten viele von ihnen
nach Vergrößerung. Die Ausschaltung jüdischer Konkurrenten war dabei eine
willkommene Gelegenheit zur Expansion des eigenen Unternehmens. Der Staat
kam also mit der forcierten „Arisierung" den Expansionstendenzen innerhalb der
Wirtschaft entgegen.[86]

Die erste „Arisierungswelle" erfolgte im Herbst 1937 in der Industrie.[87] Sie wurde
bereits zum Teil von staatlichen Stellen initiiert, aber nur lose überwacht. Am 4.
Januar 1938 definierte das Reichswirtschaftsministerium erstmals, welche Firmen
als jüdisch zu gelten hatten. Die offizielle Politik der Partei war aber Anfang 1938
noch nicht eine schnelle, systematische „Entjudung", sondern die allmähliche

---

[82] Avraham Barkai, Der wirtschaftliche Existenzkampf der Juden im Dritten Reich 1933-1938, in:
Arnold Paucker (Hrsg.), Die Juden im Nationalsozialistischen Deutschland, Tübingen 1986,
S. 153-166, hier: S. 158.
[83] Barkai 1988, S. 74.
[84] Genschel 1966, S. 144.
[85] Ebd., S. 135; Barkai 1988, S.73ff , Longerich 1998, S. 155.
[86] Longerich 1998, S. 155.
[87] Genschel 1966, S. 147.

Verdrängung der Juden durch Wirtschaftserschwerungen.[88] Nach dem Anschluss an das Reich im März 1938 wurde Österreich zum Experimentierfeld einer systematischen „Arisierung", die dann anschließend im Altreich adaptiert wurde.[89] In der Folge wurde eine Flut von Ausschaltungsbestimmungen erlassen. Der Staat nahm die laufenden „Arisierungen" unter straffere Kontrolle und begann gleichzeitig eine gesetzliche Ausschaltung der Juden aus der Wirtschaft vorzubereiten. Nach der „Verordnung über die Anmeldung jüdischen Vermögens" vom 26. April 1938 war jeder Jude verpflichtet, sein gesamtes in- und ausländisches Vermögen anzumelden.[90] Darüber hinaus wurde die Veräußerung oder Verpachtung eines jeden jüdischen Gewerbebetriebes genehmigungspflichtig. Die zwangsweise Überführung in „arischen" Besitz konnte zwar angeordnet werden. Der Regelfall war jedoch weiterhin die „freiwillige Arisierung" in Form eines formalen Vertrags zwischen Käufer und Veräußerer. Die Verkaufsmodalitäten für jüdische Inhaber hatten sich gleichwohl in zweierlei Hinsicht geändert: Erstens mussten die sowohl Kaufpreise als auch Käufer nun amtlichen Vorgaben entsprechen. Amtliche sowie parteiliche Stellen wurden auf diese Weise verstärkt in die Verhandlungen eingebunden. Gegen die Partei oder an ihr vorbei konnte nun keine „Arisierung" mehr durchgeführt werden. Schienen die Bedingungen dem jeweiligen lokalen NSDAP-Vertreter zu günstig, konnten Neuverhandlungen angeordnet werden. Zweitens standen viele jüdische Inhaber zudem unter Zeitdruck. Sie hatten ihre Ausreise schon beantragt und waren zum schnellen Verkauf genötigt. Dabei mussten sie mitunter Kapitalverluste von bis zu 70 Prozent hinnehmen.[91] Am 14. Juni 1938 wurde die öffentliche Kennzeichnungspflicht für jüdische Betriebe verordnet, im Juli erstmals Juden per Gesetz von einer ganzen Gruppe von Gewerbezweigen ausgeschlossen, darunter dem Hausier und Schaustellergewerbe sowie der wichtigen Immobilienbranche.[92]

2.1.1.3 Der gesetzliche Ausschluss der Juden aus der Wirtschaft

Am 9. November 1938, der „Reichskristallnacht", kam es zu Geschäftsplünderungen großen Ausmaßes, vermutlich 7500 jüdische Geschäfte wurden zerstört.[93] Zur Beschleunigung der „Arisierung" hätte es des Novemberpogroms nicht mehr be-

---

[88] Ebd., S. 149.
[89] Einen guten Überblick bietet das Kapitel „Ein Modell Österreich?" in: Saul Friedländer, Das Dritte Reich und die Juden. Bd. 1, Die Jahre der Verfolgung 1933-1939, München 1998, S. 262-290.
[90] Reichsgesetzblatt 1938 I S. 823.
[91] Mönninghoff 2001, S. 165.
[92] Avraham Barkai, Aufbruch und Zerstörung 1918-1945 (Deutsch-Jüdische Geschichte der Neuzeit Bd. IV, hrsg. v. Michael A. Meyer), München 1997, S. 213.
[93] Barkai, Boykott, S. 146.

durft. Barkai geht davon aus, dass zu diesem Zeitpunkt nur noch 20 bis 25 Prozent der jüdischen Betriebe existierten. [94] Am Folgetag, dem 10. November, gab Hitler den Befehl aus, die Juden aus der Wirtschaft auszuschließen. Am 12. November verkündete daraufhin Göring die „Verordnung zur Ausschaltung der Juden aus dem deutschen Wirtschaftsleben". [95] Sie verbot ab dem 1. Januar 1939 Juden den Betrieb von Geschäften, Handwerksbetrieben, den Handel sowie das Anbieten von Dienstleistungen auf Märkten und Messen. Darüber hinaus durften Juden weder Betriebsführer sein noch andere leitende Positionen in Unternehmen ausüben. Zwar blieben viele Juden formell noch Eigentümer ihres Unternehmens, da sich die Eigentumsübertragungen noch zum Teil über ein Jahr hinzogen, doch die Betriebsleitung musste nun endgültig an einen „arischen" Betriebsführer bzw. Treuhänder übergeben werden. Mit der „Verordnung über den Einsatz jüdischen Vermögens" [96] vom 3. Dezember 1938 wurde die staatliche Kontrolle über die „Arisierungen" noch einmal deutlich verschärft. Juden mussten innerhalb einer Woche sämtliche Wertpapiere in das Depot einer Devisenbank einlegen und konnten nur noch mit Genehmigung über sie verfügen. Damit war die Grundlage für die „Arisierung" des gesamten jüdischen Besitzes geschaffen. Zusätzlich wurden mit der „Einsatzverordnung" sämtliche „Arisierungsgeschäfte" genehmigungspflichtig. Der Staat konnte nun den Kaufpreis bei „Arisierungen" eigenmächtig festlegen. Zum Teil wurde der Erlös für Juden beim Verkauf ihres Unternehmens noch weiter herabgesetzt. Wenn dem Staat der Kaufpreis für ein Unternehmen als zu gering erschien, wurden jedoch oftmals auch Erwerber jüdischer Unternehmen zu einer Abgabe verpflichtet. Auf diese Weise sollten „Arisierungsgewinne" vom Staat abgeschöpft werden. [97]

Zu Kriegsbeginn war die Verdrängung der Juden aus dem deutschen Wirtschaftsleben im Wesentlichen abgeschlossen. Dennoch gab es noch über 14.000 Betriebe, deren „Arisierung" bzw. Liquidation sich länger als erwartet hinzog. [98] Dies waren insbesondere Betriebe, die wegen komplizierter Kapitalverflechtungen, internationaler Beteiligungen oder ausstehenden Schuldenregelungen schwierig zu „arisieren" waren. Die „Arisierung" von Immobilien, die erst ab 1938 verstärkt durchgeführt wurde, stand angesichts der Menge jüdischer Immobilien größtenteils noch aus. [99] Entsprechend der "Verordnung über die Behandlung feindlichen Vermö-

---

[94] Barkai 1988, S. 123.
[95] RGBl. 1938 I, S. 1580.
[96] RGBl. 1938 I, S. 1709.
[97] Barkai 1988, S. 152.
[98] Genschel 1966, S. 251.
[99] Vgl. Brigitte Scheiger, „Ich bitte um baldige Arisierung der Wohnung…": Zur Funktion von Frauen im bürokratischen System der Verfolgung, in: Theresa Wobbe (Hrsg.), Nach Osten: Verdeckte Spuren nationalsozialistischer Verbrechen, Frankfurt a. M. 1992, S. 175-196, hier: S. 194f; sowie: Bopf 2004, S. 338ff.

gens" vom 15.01.1940 musste das Vermögen von „Reichsfeinden" in Deutschland sowie deutsches Vermögen im „feindlichen Ausland" auf speziellen Anmeldebögen angemeldet werden.[100] Für jüdische Betriebe, die noch nicht vollständig „arisiert" worden waren, konnte nun auf Basis dieser Verordnung die staatliche Verwaltung des Unternehmens angeordnet werden.

Im Juni 1940 trat, wegen akuter Finanznot des Staates, die „Verordnung über die Nachprüfung von Entjudungsgeschäften" in Kraft.[101] Jeder „Arisierungsvorgang" seit 1933 konnte nun rückwirkend mit Ausgleichszahlungen an das Reich belegt werden. Ab Frühjahr 1941 wurden Juden zur Zwangsarbeit herangezogen. Mit den beginnenden Massendeportationen im Herbst 1941 begann die restlose Erfassung und Einziehung jüdischen Vermögens. Mit der Elften Verordnung zum Reichsbürgergesetz vom 25. November 1941 wurde allen Juden, die zu diesem Zeitpunkt ihren Wohnsitz im Ausland hatten, die deutsche Staatsbürgerschaft aberkannt. Diese kollektiv-automatische Massenausbürgerung betraf 250.000 bis 280.000 Menschen.[102] Gleichzeitig fielen sämtliche Vermögenswerte dieser Personen an das Deutsche Reich. Die 11. Verordnung wurde zum zentralen Instrument der endgültigen Enteignung, insbesondere auch im Immobiliensektor.[103] So konnten sowohl die bislang Ausgewanderten als auch die noch zu Deportierenden ihres restlichen Vermögens beraubt werden. Ab 1942 wurden die letzten noch verbleibenden Vermögenswerte von Juden beschlagnahmt.[104]

2.1.2 "Arisierung" als gesellschaftlicher Prozess

2.1.2.1 Das gesellschaftliche Umfeld

Die vollständige Ausschaltung jüdischer Gewerbetreibende aus dem deutschen Wirtschaftsleben wäre ohne die direkte oder indirekte Beteiligung Millionen Deutscher nicht möglich gewesen. Die nationalsozialistische Judenpolitik wurde von der deutschen Gesellschaft nicht nur willig und passiv mitgetragen, sondern in manchen Bereichen dynamisiert und beschleunigt, in anderen hingegen verzögert und abgebremst. Im Folgenden soll zum einen die Bedeutung des gesellschaftlichen Umfeldes seit 1933 (Boykott, innerbetriebliche Situation, Ausgren-

---

[100] RGBl. 1940 I, S. 191.
[101] RGBl. 1940 I, S. 891.
[102] Michael Hepp (Hrsg.), Die Ausbürgerung deutscher Staatsangehöriger 1933-1945 nach den im Reichsanzeiger veröffentlichten Listen, Bd. 1, München 1985, S. XIV.
[103] Bopf 2004, S. 339f.
[104] Vgl. Hans Günther Adler, Der verwaltete Mensch: Studien zur Deportation der Juden aus Deutschland, Tübingen 1974, S. 546.

zung), zum anderen die eigentliche „Arisierungspraxis" der bei Liquidation und besonders beim Verkauf beteiligten Akteure beleuchtet werden. [105]

Schon im Frühjahr 1933 formierte sich, jenseits des April Boykottes eine nicht von der Partei gesteuerte, dezentrale Boykottbewegung. Mittelständische Unternehmer prangerten Konkurrenten gezielt als jüdische Unternehmen an, einzelne Wirtschaftsvereinigungen organisierten mit ihren Mitgliedern Boykotte jüdischer Zwischenhändler, und einzelne Betriebe brachen ihre Geschäftskontakte zu jüdischen Unternehmern ab. [106] Eine zentrale Rolle spielten dabei die antisemitischen Kampagnen des nationalsozialistischen „Kampfbundes für den gewerblichen Mittelstands". Nach 1933 strömten der Organisation etliche neue Mitglieder zu, die ihn zu einer mächtigen Institution werden ließen. Der Kampfbund initiierte mehrere Boykottaktionen, und seine Mitglieder waren bei Strafe des Ausschlusses verpflichtet, sämtliche Geschäftsbeziehungen zu jüdischen Firmen abzubrechen. Vor allem den jüdischen Zwischenhandel trafen die Boykotte des Kampfbundes teilweise massiv. [107] Doch selbst Firmen, die sich nicht aktiv an Boykotten beteiligten, nutzten mittelbar durch ihre demonstrative Eigenwerbung als „deutscher", bzw. „arischer" Betrieb den Antisemitismus zur Steigerung des eigenen Profits. [108]

Das Kaufverhalten der Deutschen muss differenziert bewertet werden. Den Boykottaufrufen folgten nur Teile der Bevölkerung, zumeist NSDAP-Parteigenossen und Angehörige des Mittelstandes, hier vor allem Beamte und Angestellte. Umfassend eingehalten wurden Boykotte nur in Klein- und Mittelstädten aufgrund der dort herrschenden sozialen Kontrolle. Insbesondere die Arbeiterschaft zeigte jedoch eine anhaltende Bereitschaft zum Kauf in jüdischen Geschäften, dies allerdings weniger aus Solidarität als vielmehr aus pragmatischen Eigeninteressen (günstige Preise). In den Großstädten hatten die Boykotte den geringsten Erfolg, hier blieben selbst politische Leiter der NSDAP oftmals Kunden jüdischer Betriebe. [109] Jenseits einer differenzierten Analyse der Boykottaktivitäten ist es jedoch unstrittig, dass diese Boykotte durchaus Wirkung gezeitigt haben. [110] Um die Inhaber zur Aufgabe ihres Geschäftes zu zwingen, bedurfte es in vielen Fällen gar keiner spektakulären Aktionen mehr. Zum Zeitpunkt der Machtübergreifung hatte die deutsche Wirtschaft die Depression noch nicht überwunden. Etliche Unternehmen und Geschäfte waren bereits so schwer angeschlagen, dass selbst geringfügige Umsatzrückgänge aufgrund von Boykottmaßnahmen oder das Ausbleiben von Aufträgen aus der öffentlichen Hand zur Zahlungsunfähigkeit führten. Die

---

[105] Zum Begriff „Arisierungspraxis" vgl. Barkai 1987, S. 26f.
[106] Barkai 1988, S. 24
[107] Bajohr 1997, S. 35.
[108] Bajohr 2000, S. 631f.
[109] Ebd., S. 640.
[110] Barkai 1987, S. 123.

restriktive Kreditvergabe der Banken tat ein Übriges. In diesen Fällen erfolgte in der Regel kein Verkauf, sondern die Liquidation des Unternehmens.[111] Darüber hinaus wurden - häufig gegen den ausdrücklichen Willen des Reichswirtschaftsministeriums – Juden aus Wirtschaftsvereinigungen und Berufsverbänden ausgeschlossen. Die mit der Mitgliedschaft verbundenen Privilegien hinsichtlich des Zugangs zu Märkten und Messen war ihnen somit verwehrt.[112]

Auch die Situation innerhalb der Belegschaft jüdischer Betriebe war spannungsreich. Nach 1933 bildeten sich in fast allen mittleren und größeren Unternehmen nationalsozialistische Betriebszellen. Diese stellten immer wieder die Autorität des Unternehmers als Jude in Frage. Auch wenn dieser in seiner offiziellen Stellung als „Betriebsführer" unangreifbar war, konnte er dennoch etwa mit gezielten Denunziationen unter Druck gesetzt werden. Zudem engagierten die Gauwirtschaftsbehörden oftmals Angestellte als Spitzel, viele jüdische Unternehmer hatten ständig Interventionen der Gestapo oder von Parteistellen zu befürchten.[113] Innerhalb vieler Betriebe existierte zwischen jüdischen und nicht jüdischen Angestellten eine unsichtbare „Apartheidslinie".[114] Angestellte waren bemüht, sich nicht dem Verdacht einer allzu großen Nähe zum Firmeninhaber auszusetzen. Der Druck innerhalb der Belegschaft, sich vom Unternehmer zu distanzieren, war groß.

Die gesellschaftliche Ausgrenzung jüdischer Unternehmer jenseits ihrer wirtschaftlichen Betätigung spielte ebenfalls eine nicht zu unterschätzende Rolle. Lässig hat in ihrer Studie über die „Arisierung" der Privatbank Gebr. Arnhold deutlich gemacht, dass die Erfahrung gesellschaftlicher Isolierung mitunter schwerer wog als die wirtschaftliche Ausgrenzung.[115] Jüdische Unternehmer hatten, wie alle jüdischen Familien, mit Ausbildungsbeschränkungen zu kämpfen. Ihre Kinder litten unter der Diskriminierung in der Schule. Parkanlagen, Schwimmbäder, Theater und viele Kurorte durften von Juden nicht mehr betreten werden. Durch die Nürnberger Gesetze schließlich wurden sie auch offiziell zu Staatsbürgern zweiter Klasse degradiert. Diese Ausgrenzungserfahrung war oftmals wesentlich für den Entschluss jüdischer Unternehmer zur Emigration, was zwangsläufig auch den Verkauf des eigenen Unternehmens bedeutete.[116]

---

[111] Ziegler 2001, S. 130.
[112] Bajohr 2002, S. 46f.
[113] Vgl. Kratzsch 1989, S. 134.
[114] Bajohr 2001, S. 638.
[115] Simone Lässig, Nationalsozialistische „Judenpolitik" und jüdische Selbstbehauptung vor dem Novemberpogrom. Das Beispiel der Dresdner Bankiersfamilie Arnhold, in: Reiner Pommerin (Hg.): Dresden unterm Hakenkreuz, Weimar/Köln/Wien 1998, S. 129-192.
[116] Bajohr 2002, S. 50.

2.1.2.2 Die Praxis der „Arisierungen"

Insgesamt sagt die Gesetzgebung, die bis 1938 die selbstständige unternehmeri-sche Tätigkeit von „Nichtariern" in keiner Weise einschränkte, wenig über die eigentliche „Arisierungspraxis" aus. Das Reich konzentrierte sich auf fiskalische und monetäre Rahmenbedingungen und überließ die konkrete „Arisierungspoli-tik" lokalen Entscheidungsträgern. Von „freiwilligen Arisierungen" konnte auch vor 1938 keine Rede sein. „Arisierungen" und Liquidationen gingen häufig auf geschäftliche Manöver und Ausgrenzungsmaßnahmen von Konkurrenten zurück oder wären nicht denkbar gewesen ohne die Aktionen von Parteigliederungen und regionalen „Hoheitsträgern" der NSDAP. Vor allem die Kreis- und Gauwirt-schaftsberater der NSDAP übernahmen bei der Verdrängung jüdischer Gewerbe-treibende eine zentrale Funktion.[117] Hier wurden umfangreiche Akten zu allen jüdischen Betrieben im Verwaltungsbezirk angelegt und deren Entwicklung auf-merksam verfolgt. Die Wirtschaftsberater waren die entscheidende Schnittstelle zwischen Partei- und Verwaltungsinstanzen. Hier liefen die Informationen über jüdische Gewerbetätigkeit zusammen, von hier gingen die Impulse für antijüdi-sche Maßnahmen der Behörden aus.

Auch wenn es sich bei diesen lokalen Instanzen um politische Institutionen han-delte darf dies nicht den Blick darauf verstellten, dass sich hinter diesen Instituti-onen auf lokaler Ebene Akteure verbargen. Frank Bajohr hat gezeigt, dass Herr-schaft im NS-Staat ganz entscheidend auf personalen Bindungen, der Zugehörig-keit zu Seilschaften, Cliquen und personellen Netzwerken beruhte.[118] Die konse-quente Regionalisierung der Entscheidungskompetenzen bei der „Arisie-rung" förderte diese Tendenz und hatte zudem zur Folge, dass lokale und regiona-le Parteikader und Staatsbeamte vielfach in Eigenregie agierten. Die Beteiligten brachten dabei vor allem ihre eigenen spezifischen Interessen in das Geschehen ein. Betrachtet man also nicht nur die Institutionen als solche, sondern vielmehr die Beziehungsstrukturen zwischen den Verantwortlichen, so erscheinen „Cliquen, Seilschaften und Kameraderie"[119] dieser lokalen und regionalen Machteliten als die eigentlichen Entscheidungszentren. Dieses Kartell, so Bajohr, „… war das hervorstechendste Kennzeichen der ‚Arisierung'".[120]

Darüber hinaus war an den „Arisierungen" eine Vielzahl gesellschaftlicher Ver-mittler beteiligt, die Verkaufskontakte anbahnten, Kontakte in die Politik herstell-ten oder die Eigentümer von der Notwendigkeit des Verkaufs überzeugten. Dieses

---

[117] Kratzsch 1989, S. 12.
[118] Vgl. Frank Bajohr, Parvenüs und Profiteure : Korruption in der NS-Zeit, Frankfurt a. M. 2001.
[119] Bajohr 2004, S. 49.
[120] Ebd., S. 50.

„Vermittlungsgewerbe" wies dabei fließende Übergänge zu einem kriminellen Milieu auf.[121] Jüdische Unternehmer wurden mit falschen Versprechungen geködert oder etwa mit angeblichen „Kontakten" zu wichtigen Parteistellen getäuscht. Oftmals waren Vermittler auch im Vorfeld von den Eigentümern als „arische" Teilhaber aufgenommen oder als Berater engagiert worden. Diese verfolgten, wie jüngere Studien gezeigt haben, oftmals in erster Linie ihre persönlichen Interessen und spielten gleichsam ein „doppeltes Spiel".[122] Eine wichtige Funktion kam auch den Banken zu. Sie traten als Vermittler und Finanzier von „Arisierungskrediten" auf. Vermittlungsprovisionen, Kreditvergabe an Käufer, partiell auch Eigenbeteiligungen machten „Arisierungen" zu einem lukrativen Geschäft. Hier fand ebenfalls eine „Radikalisierung von unten" statt. Bei den Banken spielten also nicht nur rational-wirtschaftliche Gründe, sondern auch ideologisch motivierte oder in lokalen Netzwerken involvierte Filialleiter eine nicht unerhebliche Rolle.[123]

Die forcierten „Arisierungen" ab 1938 erweiterten den Kreis der Beteiligten. Die Industrie- und Handelskammern stellten nun Sachverständige, die bei einer Schätzung den Unternehmenswert massiv nach unten korrigierten. Bei den Kammern waren auch die „Arisierungskommissionen" angesiedelt, bestehend aus nichtjüdischen Unternehmern, die über Liquidation oder Verkauf eines jüdischen Unternehmens entschieden.[124] Nach der „Ausschaltungsverordnung" vom 12. November 1938 waren tausende von Treuhändern und Abwicklern in jüdischen Unternehmen tätig. Zudem entstand ein regelrechter Bereicherungswettlauf von Erwerbern, die Bajohr in drei Gruppen klassifiziert hat: „skrupellose Profiteure", „stille Teilhaber" und „gutwillige Erwerber". In einem Sample von 300 „Arisierungen" in Hamburg kam er zu dem Ergebnis, dass das Verhältnis dieser drei Gruppen zueinander ungefähr 40, 40 und 20 Prozent betragen hat.[125]

---

[121] Bajohr 2002, S. 47.
[122] Vgl. etwa die Rolle eines ehemaligen Vorstandsmitglieds der Dresdner Bank bei der „Arisierung" des Bankhauses Gebr. Arnhold: Lässig 1998, S. 170f., oder des Direktors der Deutschen Bank, Emil Georg von Stauß, bei der „Arisierung" der Warenhauskette Wertheim: Ladwig-Winters 1997, S. 253ff.
[123] James 2001, S. 216.
[124] Vgl. Bajohr 2002, S. 48.
[125] Vgl. Bajohr 1997, S. 315-319.

2.1.3 Berlin

2.1.3.1 Demographie und die Tradition des Antisemitismus

Der Anteil der Juden an der Berliner Bevölkerung war seit der Reichsgründung 1871 mit 4 Prozent in etwa gleich geblieben.[126] Durch das rasante Wachstum der aufstrebenden Metropole verschob sich allerdings auch das Schwergewicht jüdischen Lebens in Deutschland immer mehr zur neuen Hauptstadt. Lebten 1871 mit 36.000 Personen nur 10 Prozent aller deutschen Juden in Berlin, waren es 1925 bereits 175.000, also ein Drittel. Dies rasante Anschwellen der jüdischen Gemeinde geschah fast ausschließlich durch Zuwanderung. Fast zwei Drittel der Berliner Juden 1933 waren nicht in Berlin geboren. Über die Hälfte von ihnen stammte aus den Provinzen Posen, Schlesien und Westpreußen.[127]

Darüber hinaus lebte in Berlin seit 1880 eine zunehmende Zahl von ausländischen Juden. Diese so genannten „Ostjuden" kamen vor allem aus Polen und Galizien, wo Pogrome und Hungersnöte sie Richtung Westen getrieben hatten. In den Zwanziger Jahren lebte fast die Hälfte der sich in Deutschland aufhaltenden Ostjuden in Berlin. 1925 betrug ihre Zahl 44.000 Personen.[128] Sie machten damit etwa ein Viertel aller Berliner Juden aus. Sie gehörten zumeist der Unterschicht an und unterschieden sich in Kleidung, Sprache, Religiosität und Lebensführung erheblich von den deutschen Juden. Zudem waren sie für jedermann sofort als Juden und Fremdkörper in der Stadt erkennbar und bildeten daher seit der Kaiserzeit eine wichtige Projektionsfläche für den Berliner Antisemitismus.[129] Die deutsch-jüdische Bevölkerung reagierte ambivalent auf die ostjüdische Zuwanderung. Auf der einen Seite distanzierte man sich von den Ostjuden, auf der anderen Seite waren sie Glaubensgenossen, die vor Antisemitismus in Schutz genommen werden mussten und deren Integration erleichtert werden sollte.[130]

---

[126] Die Zahlen beziehen sich auf so genannte „Glaubensjuden". Über die Zahl von nach den Nürnberger Gesetzen als „Rassejuden" angesehenen Menschen gibt es keine Informationen. Vgl. Monika Richarz, Jüdisches Berlin und seine Vernichtung, in: Jochen Boberg u. A. (Hrsg.), Die Metropole. Industriekultur in Berlin im 20. Jahrhundert, München 1986, S. 216-225, hier: S. 217.

[127] Heinrich Silbergleit, Zur Statistik der jüdischen Bevölkerung Berlins, in: Zeitschrift für Demographie und Statistik der Juden, Heft 9-12 (1927), S. 133-141, hier: S. 135f; sowie ferner: Gabriel Alexander, Die Entwicklung der jüdischen Bevölkerung in Berlin zwischen 1871 und 1945. In: Tel Aviver Jahrbuch für deutsche Geschichte 20 (1991), S. 301-309.

[128] Michael Brenner, Die Weimarer Jahre (1919-1932), in: Andreas Nachama u. A. (Hrsg.), Juden in Berlin, Berlin 2001, S. 137-180, hier: S. 152.

[129] Zur Rolle der Ostjuden in Berlin vgl. Jack Wertheimer, Unwelcome Strangers. East European Jews in Imperial Germany, New York / Oxford 1992, S. 144ff sowie ferner: Trude Maurer, Ostjuden in Deutschland, Hamburg 1986, S. 62; Salomon Adler-Rudel, Ostjuden in Deutschland 1880 - 1940, Tübingen 1959.

[130] Brenner 2001, S. 154.

Die Berufsstruktur der Berliner Juden war relativ konstant. Es dominierte der Handel, in dem 1925 44 Prozent aller Berliner Juden tätig waren. Diese Dominanz der Handelsbranche liegt nicht nur in der jüdischen Tradition begründet, sondern auch in wirtschaftlichen Aspekten. Im Zuge der Industrialisierung erhöhte sich die Konsumgüterproduktion erheblich und schuf die Grundlage für eine starke Expansion des Handels und für den sozialen Aufstieg Berliner Juden.[131] Die Zahl der in Industrie und Handwerk tätigen war allerdings allmählich angestiegen und betrug 1935 27 Prozent. Der Anteil an Akademikern und Beamten lag bei 11 Prozent.[132]

In keiner anderen Branche haben Juden eine vergleichbar große Rolle gespielt wie im Konfektionsgewerbe. Der Berliner „Konfektionsjude" war sprichwörtlich.[133] Besondere Sichtbarkeit darüber hinaus erlangten die Juden in Berlin durch die Tatsache, dass fast die Hälfte aller Ärzte und Anwälte in Berlin jüdisch waren.[134] In Beamtenstellungen fand man Juden dagegen selten, da ihnen die staatlichen Laufbahnen bis 1918 zumeist verschlossen geblieben waren. Die absolute Zahl der jüdischen Betriebe in Berlin ist nicht bekannt. Zu Beginn der nationalsozialistischen Herrschaft existierten allein 6.000 Einzelhandelsbetriebe.[135] Die Gesamtzahl mittelständischer Betriebe wird, äußerst vorsichtig, auf 10.000 bis 20.000 geschätzt.[136]

Das Berlin der Weimarer Zeit bildete also das unumstrittene Zentrum der Juden Deutschlands. Gleichzeitig zeigte sich in der Hauptstadt auch die ganze Vielfalt und Divergenz jüdischen Lebens in Deutschland. Berlin war der Ort, an dem sich alle das deutsche Judentum betreffenden Entwicklungen konzentrierten – gerade auch die inneren Gegensätze, wie sie etwa in der Entstehung der zionistischen Bewegung zum Ausdruck kamen. Berlin war die Metropole, die „… jüdischer Initiative mehr Raum bot als irgendeine andere."[137] Nicht nur das Kulturleben war intensiv von jüdischen Berlinern geprägt. Vor allem auch bot die Stadt die Rahmenbedingungen für die Herausbildung einer jüdischen Wirtschaftselite, die hier stärker konzentriert war als in jeder anderen deutschen Stadt.[138]

---

[131] Ebd. S. 181f.

[132] Die Zahlen vgl. Heinrich Silbergleit, Die Bevölkerungs- und Berufsverhältnisse der Juden im Deutschen Reich, Bd. 1 Preußen, Berlin 1930, S. 106ff. sowie ders. 1927, S. 135f.

[133] Vgl. Uwe Westphal, Berliner Konfektion und Mode: Die Zerstörung einer Tradition 1836-1939, 2. erw. Aufl., Berlin 1992, S. 13.

[134] Brenner 2001, S. 177.

[135] Statistik des Oberbürgermeisters vom 24. 3. 1938, zit. nach Gruner 1996, S. 47 und S. 62.

[136] Projektantrag: Ausgrenzungsprozesse und Überlebensstrategien. Mittlere und kleine jüdische Gewerbe-Unternehmen in Berlin, unveröffentlicht, Berlin 2006, S. 18.

[137] Joachim Schlör, Berlin. „Traum und Notstadt der Juden", in: Willi Jasper / Julius H. Schoeps (Hrsg.), Deutsch-jüdische Passagen. Europäische Städtelandschaften von Berlin bis Prag, Hamburg 1996, S. 63-82, hier: S. 77.

[138] Dolores L. Augustin, Die soziale Stellung der jüdischen Wirtschaftselite im Wilhelminischen Berlin, in: Werner E. Mosse / Hans Pohl (Hrsg.), Jüdische Unternehmer in Deutschland im

Berlin war eine Stadt, die jüdischem Leben in besonderem Maße Entfaltungsräume bot. Es war allerdings auch eine Metropole, die von der antisemitischen Propaganda als jüdische Stadt gebrandmarkt wurde.[139] Hier fand der Antisemitismus besonders große Resonanz. Der große Zustrom jüdischer Einwanderer weckte Konkurrenz und Überfremdungsängste. Exemplarisch für den frühen Berliner Antisemitismus des 19. Jahrhunderts sind die Tiraden des Berliner Hofpredigers Adolf Stoecker, der wiederholt die „Judenfrage" heraufbeschwor.[140] Im Zusammenhang mit Stoecker steht auch der Berliner Antisemitismusstreit um die Historiker Heinrich von Treitschke und Theodor Mommsen.[141] Zwar unterschieden Stoecker und Treitschke noch zwischen „guten" und „schlechten" Juden, doch mit ihren Warnungen vor der wirtschaftlichen Dominanz Berliner Juden trafen sie einen Nerv innerhalb der Berliner Bürgerschaft, die Statusdifferenz. Gerade der Berliner Mittelstand erwies sich bereits im 19. Jahrhundert als besonders anfällig für antisemitische Ideologien.[142]

Bei Treitschke und Stoecker kristallisierte sich auch ein anderes Element des Antisemitismus heraus: Eine großstadtfeindliche, berlinfeindliche Haltung, die die Veränderung des städtischen Raumes hin zur Industriemetropole ablehnte und diese Urbanisierungs- und Industrialisierungstendenzen mit dem Judentum, dem Stereotyp des Juden als Städter, in Verbindung brachte. Die Stadt Berlin war das Symbol für die Moderne – ebenso wie die Juden.[143] Hinzu kamen die rund 44.000 Ostjuden in Berlin, gegen die sich auch der erste neuzeitliche Pogrom auf deutschem Territorium richtete. Im November 1923 schlug eine von antisemitischen Agitatoren aufgestachelte Gruppe Juden und für Juden gehaltene Passanten auf offener Straße nieder und beraubte sie ihrer Barschaft und ihrer Kleidung. Geschäfte und Wohnungen wurden geplündert. Bei diesem „Scheunenviertelpog-

---

19. und 20. Jahrhundert (Zeitschrift für Unternehmensgeschichte Beiheft 64), Köln 1992, 225-246, hier: S. 227.

[139] Dagmar Bussiek: Rezension zu Joachim Schlör, Das Ich in der Stadt. Debatten über Judentum und Urbanität, 1822-1938, Göttingen 2005, in: H-Soz-U-Kult vom 8. 5. 2006, http://hsozkult.geschichte.hu-berlin.de/rezensionen/2006-2-090.

[140] So in einer Rede 1879: „Allein in Berlin wohnen 45,000 Juden, soviel wie in ganz Frankreich, wie in ganz England. Das ist zu viel. […] da jenes halbe Hunderttausend eine in sich geschlossene Gemeinschaft bildet, in guten Verhältnissen, in steigender Macht, mit einer sehr profitablen Verstandeskraft ausgerüstet […], so liegt darin eine wirkliche Gefahr." in: Das moderne Judenthum in Deutschland, besonders in Berlin. Zwei Reden in der christlich-socialen Arbeiterpartei, 4. Aufl., Berlin 1880, S. 4-20, hier: S. 9f. Vgl. auch Hans Engelmann: Kirche am Abgrund. Adolf Stoecker und seine antijüdische Bewegung, Berlin 1984.

[141] Karsten Krieger, Der „Berliner Antisemitismusstreit" 1879-1881. Kommentierte Quellenedition, Teil 1 München 2003, Einleitung, S. X-XXXI sowie ferner: Walter Boehlich (Hrsg.), Der Berliner Antisemitismusstreit., Frankfurt am Main 1965.

[142] Vgl. Albert Lichtblau, Antisemitismus und soziale Spannung in Berlin und Wien 1867-1914 (Dokumente, Materialien, Texte, Berlin 1994, S. 237ff.

[143] Vgl. Joachim Schlör, Juden sind Städter – Ein Stereotyp und seine Bedeutungen, in: Fritz Mayrhofer / Ferdinand Opll (Hrsg.), Juden in der Stadt, Linz (Donau) 1999, S. 341-364, S. 348 f.

rom" wurden vermutlich neun Menschen ermordet, viele verletzt und an die hundert Geschäfte verwüstet.[144]

Zum Mittelpunkt des antisemitischen Kampfes in Berlin und zum Schauplatz zahlloser Übergriffe auf deutsche Juden wurde der Kurfürstendamm.[145] Dieser Straßenname entwickelte sich zum Kampfwort in einem großstadtfeindlichen und zugleich antisemitischen Diskurs. Es war die „Hauptstraße des Judentums".[146] Vorfälle sind schon aus den ersten Jahren der Republik bekannt. Als Joseph Goebbels 1926 zum Gauleiter der Stadt ernannt wurde und sein „Kampf um Berlin" begann, verschärfte sich die Situation enorm.[147] Zudem führte die 1929 einsetzende Wirtschaftskrise insbesondere in Berlin zu drastischen sozialen Verwerfungen: Wurden im Januar 1928 noch 189.000 Arbeitssuchende registriert, so stieg diese Zahl bis auf 665.000 im Jahr 1933.[148] Die Verarmung breiter Schichten, die vormals dem Mittelstand angehört hatten, trug erheblich zum Erstarken antisemitischer Tendenzen in Berlin bei. Jüdische Passanten in der Umgebung des Kurfürstendammes mussten nun jederzeit mit Übergriffen rechnen. Am 29. und 30. Juni 1931 verprügelten nationalsozialistische Studenten an der Berliner Universität jüdische Kommilitonen. Ein bislang nicht gekanntes Ausmaß erreichten die Attacken schließlich mit dem so genannten „Kurfürstendammkrawall" von 1931.[149] Am Abend des 12. September versammelten sich mehrere hundert Nationalsozialisten in der Nähe der Gedächtniskirche. Nach verschiedenen antisemitischen Kundgebungen mischten sich kleine Gruppen unter die Passanten und begannen, alle für Juden gehaltenen Menschen anzupöbeln und mit Fäusten, Knüppeln und Schlagringen zu attackieren. Es kam zu regelrechten Hetzjagden auf jüdische Passanten. Auf dem Höhepunkt der Ausschreitungen stürmten die Angreifer ein von vielen Juden frequentiertes Café, bedrohten die Gäste und demolierten die Einrichtung. Bei diesem „Kurfürstendammkrawall" wagten es die Nationalsozialisten erstmals, im Zentrum der Hauptstadt, auf einem der wichtigsten Boulevards der Stadt pogromartige Ausschreitungen zu veranstalten. Die nationalsozialistische Judenpolitik war gleichsam im Herzen der Hauptstadt angekommen.

---

[144] Rainer Zilkenat, Der Pogrom am 5. und 6. November 1923, in: Verein Stiftung Scheunenviertel (Hrsg.), Spuren eines verlorenen Berlin. Das Scheunenviertel, Berlin 1994, S. 95-101.

[145] Hecht 2003, S. 236.

[146] Hsi-Huey Liang, Die Berliner Polizei in der Weimarer Republik, Berlin / New York 1977, S. 11.

[147] Vgl. Georg Rath, Goebbels. Eine Biographie, 3. Aufl., München 1995, S. 108ff sowie Hecht 2003, S. 239.

[148] Zahlen zit. nach Berthold Grzywatz, Arbeit und Bevölkerung im Berlin der Weimarer Zeit (Einzelveröffentlichungen der historischen Kommission zu Berlin 63), Berlin 1988, S. 44.

[149] Zum Verlauf des „Kurfürstendammkrawalles" und den folgenden Prozessen vgl.: Hecht 2003, S. 236ff; Dirk Walter, Antisemitische Kriminalität und Gewalt, Bonn 1999, S. 211-221; Heinrich Hannover, Politische Justiz 1918-1933, Frankfurt 1966, S. 283-291.

2.1.3.2 Berliner Behördenmaßnahmen ab 1933

Seit 1933 lebten die Berliner Juden gleichsam im Schnittpunkt zweier Verfolgungsprozesse. Sie waren nicht nur der antijüdischen Politik der Reichsregierung ausgesetzt, sondern gleichzeitig Opfer der antijüdischen Maßnahmen der Berliner Stadtverwaltung, die darin den reichsweiten Entwicklungen zumeist deutlich voraus war. Oftmals beeinflussten oder motivierten gerade die städtischen Initiativen der Reichshauptstadt die Planung zentraler Maßnahmen der Reichsregierung.[150] Das im März 1933 neu geschaffene Amt des Staatskommissars für Berlin wurde vom ehemaligen Redakteur der NS-Zeitschrift „Der Angriff" Julius Lippert intensiv dazu genutzt, mit administrativen Maßnahmen die wirtschaftliche und soziale Isolierung der Berliner Juden voran zu treiben. Der Boykott vom 1. April beschleunigte diese Entwicklung, in den Folgemonaten wurden immer neue Berufs- und Gewerbebeschränkungen erlassen. Städtische Ausschreibungen etwa durften nur noch an nichtjüdische Firmen vergeben werden. Ab Januar 1934 konnten jüdische Handelshäuser keine Bedarfsdeckungsscheine mehr einlösen, was gerade bei den Kaufhäusern zu drastischen Umsatzeinbrüchen führte.[151]

In den ersten zwei Jahren der nationalsozialistischen Herrschaft emigrierten bereits ca. 22.000 Berliner Juden.[152] Um die Auswanderung weiter voran zu treiben, begannen im Juni 1935 neue antijüdische Demonstrationen und Boykottaktionen. Sie kulminierten in erneuten pogromartigen Attacken auf Juden zwischen dem 15. und dem 18. Juli 1935 im Strandbad Wannsee sowie im Hansaviertel und vor allem auf dem Kurfürstendamm[153] Nach diesem erneuten „Kurfürstendammkrawall" wurde Graf Helldorf als neuer Polizeipräsident eingesetzt. Helldorf war seit 1933 SA-Führer in Berlin und Polizeipräsident von Potsdam.[154] Neben Goebbels sollte er zur treibenden Kraft der Judenverfolgung in Berlin werden. Ebenfalls im Sommer 1935 leitete die Stadtverwaltung verschiedene Restriktionen im Fürsorgewesen ein. Zudem forcierten immer mehr amtliche und halbamtliche Stellen mit Schikanen, Verordnungen und sozialem Druck die Ausgrenzung der jüdischen

---

[150] Vgl. Gruner 1996, S. 7; ders, Die Reichshauptstadt und die Verfolgung der Berliner Juden 1933-1945, in: Reinhard Rürup (Hrsg.), Jüdische Geschichte in Berlin. Essays und Studien, Berlin 1995, S. 229-266.

[151] Vgl. Daniela Zunzer, Die „Arisierung" von jüdischem Gewerbe. Das Kaufhaus Lamm in der Danziger Str. 98, in: Kulturamt Prenzlauer Berg, Prenzlauer Berg Museum für Heimatgeschichte und Stadtkultur (Hrsg.): Leben mit der Erinnerung. Jüdische Geschichte in Prenzlauer Berg, Berlin 1997, S. 331-335, hier: S. 332.

[152] Eine tabellarische Übersicht über die Ausreisezahlen in: Michael Schabitz, Flucht und Vertreibung der deutschen Juden 1933-1941, in: Beate Meyer / Hermann Simon, Juden in Berlin 1938-1945, Berlin 2000, S. 51-76, hier: S. 72.

[153] Longerich 1998, S. 86ff.

[154] Zur Biographie vgl. Ted Harrison, „Alter Kämpfer" im Widerstand. Graf Helldorf, die NS-Bewegung und die Opposition gegen Hitler, in: Vierteljahreshefte für Zeitgeschichte Bd. 45 (1997), S. 385-423.

Bevölkerung. So wurde etwa sozialunterstützten Armen im Bezirk Prenzlauer Berg der Entzug jeglicher Hilfe angedroht, falls diese noch „beim Juden einkaufen" würden.[155] Ein anderes Beispiel ist das Benutzungsverbot städtischer Bäder für Juden. Wie beabsichtigt schnellten die Emigrantenzahlen 1936 und 1937 mit jeweils 10.000 Auswanderern wieder in die Höhe.

Ab Herbst 1937 zogen Goebbels und der Polizeipräsident Graf Helldorf die Verfolgung der Berliner Juden zunehmend an sich und begannen, die einzelnen Initiativen zu koordinieren. Hilfsbedürftige Juden durften nur noch von einigen wenigen jüdischen Ärzten behandelt werden, die Berliner Stadtverwaltung erstellte erstmals Listen aller jüdischen Ärzte in Berlin.[156] Graf Helldorf erhielt im April 1938 von Goebbels den Auftrag, eine Konzeption antijüdischer Maßnahmen zu erstellen. Im Mai verfasste die Leitstelle der Staatspolizei die „Denkschrift über die Behandlung der Juden in der Reichshauptstadt auf allen Gebieten des öffentlichen Lebens", in der sie auch für die „generelle Einschränkung der Gewerbefreiheit für Juden" plädierte.[157] Am 13. Juni 1938 wurde beim Berliner Polizeipräsidenten ein „Judendezernat" für die „einheitliche Bearbeitung aller Judenangelegenheiten durch die einzelnen Dienststellen" eingerichtet. Zur gleichen Zeit kam es zu erneuten Ausschreitungen gegen Juden und einem kurzzeitigen Verbot aller jüdischen Veranstaltungen in Berlin. In seinen Tagebüchern macht Goebbels deutlich, wie er sich ein weiteres Vorgehen gegen Juden vorstellte, auch wenn auf Reichsebene die entsprechenden Gesetze noch nicht existierten. Nach einer Rede vor Berliner Polizeibeamten notiert er: „Nicht Gesetz ist die Parole, sondern Schikane. Die Juden müssen aus Berlin heraus. Die Polizei wird mir dabei helfen."[158] Dies war die Initialzündung für die so genannte „Juni-Aktion", bei der mehrere tausend Juden verhaftet, jüdische Geschäfte sowie Arzt- und Anwaltsschilder beschmiert wurden. Die Juni-Aktion war gleichsam die Generalprobe und reichsweites Vorbild für die fünf Monate später statt findende Reichspogromnacht. Gleichzeitig zeigte sich Goebbels ungeduldig über das Fehlen eines Reichsgesetzes zur Judenfrage. Am 22. Juni, notiert er: „Die Judenfrage hat sich nun sehr kompliziert. Die Partei hat – wahrscheinlich auf Anregung von Helldorf – die Judengeschäfte

---

[155] Zit. nach: Rosemarie Schuder / Rudolf Hirsch, Der gelbe Fleck, Wurzeln und Wirkungen des Judenhasses in der deutschen Geschichte, Berlin 1987, S. 281.

[156] Gruner 1996, S. 48.

[157] Abdruck der Denkschrift in: Wolf Gruner, "Lesen brauchen sie nicht zu können..." Die "Denkschrift über die Behandlung der Juden in der Reichshauptstadt auf allen Gebieten des öffentlichen Lebens" vom Mai 1938, in: Jahrbuch für Antisemitismusforschung Bd. 4 (1995), S. 305-341.

[158] Elke Froehlich (Hrsg.), Die Tagebücher von Joseph Goebbels Teil 1, Bd. 5, München 2000, Eintrag vom 20. Juni 1038, S. 353.

beschmiert. Darob hat sich Funk eingeschaltet. Es will das alles legal machen. Aber es dauert so lange."[159]

Bis dahin gingen die Schikanen weiter: Die am 20. Juli von Helldorf erlassenen „Richtlinien zur Behandlung von Juden und Judenangelegenheiten" enthielten unter anderem für Juden die prinzipielle Erhebung der Verwaltungshöchstgebühren sowie die Höchststrafe bei Ordnungswidrigkeiten. Die Behörden waren anscheinend mündlich angewiesen worden, die Angelegenheiten von Juden „...durch Schikanen aufs äußerste..." zu erschweren.[160] Unzählige Beispiele finden sich hierfür.[161] Diese von Goebbels beschworenen „Schikanen" scheinen auch in Hinblick auf die „Arisierungen" äußerst wirksam gewesen zu sein. Nach einer zeitgenössischen Quelle existierten von den ca. 6.000 jüdischen Einzelhandelsgeschäften am 1. April 1938 noch rund 3.000. Bis zum Jahresende sollen sich keine mehr in jüdischem Besitz befunden haben, 2570 liquidiert und 535 Betriebe verkauft worden sein.[162] Demnach dürfte in Berlin zu diesem Zeitpunkt praktisch kein jüdisches Wirtschaftsleben mehr existiert haben. Die vorläufigen Ergebnisse des Forschungsprojektes legen die Vermutung nahe, dass Ende 1938 durchaus noch mehr jüdische Betriebe als bislang bekannt existierten.[163] Viele „Arisierungsverhandlungen" zogen sich zudem noch hin und auch jüdischen Grundbesitz gab es noch vereinzelt. In der Reichspogromnacht am 9. November 1938 wurden allerdings zunächst 12.000 männliche Juden verhaftet und nach Sachsenhausen verschleppt. Die Zahl der dabei zerstörten jüdischen Geschäfte ist unbekannt.[164] Die Auswirkungen des dann folgenden gesetzlichen Ausschlusses der Juden aus der deutschen Wirtschaft liegen für Berlin bislang im Dunkeln. Es existieren keine gesicherten Daten über „Arisierungen" ab 1939. Die in der Folgezeit von der Berliner Verwaltung erlassenen Anordnungen wie die Ausgangssperre, die Umsiedlung in „Judenhäuser" und Zwangsarbeit zielten jedoch nicht mehr auf die Einschränkung jüdischer Gewerbetätigkeit, sondern dienten lediglich der persönlichen Erniedrigung und physischen Kontrolle.[165] Im Oktober 1941 begannen die

---

[159] Ebd., Eintrag vom 22. Juni, S. 355.
[160] Betty Scholem, November (geschr. 25. 3. 1939 in Marseille) Leo Baeck Institute Bulletin 77 (1987), S. 6.
[161] Für eine detaillierte Auflistung vgl. Gruner 1996, S. 53ff.
[162] Max Viseur, Die Entjudung der Berliner Einzelhandels, in: Wirtschaftsblatt der Industrie- und Handelskammer zu Berlin Bd. 37 (1939), S. 159-161, hier: S. 160.
[163] Mündliche Auskunft des Projektleiters Dr. Kreutzmüller zum Zwischenstand des Projektes am 21. Dezember 2006.
[164] Zur Reichspogromnacht vgl., Hermann Simon, Das Jahr 1938, in: Beate Meyer / Hermann Simon, Juden in Berlin 1938-1945, Berlin 2000, S. 17-41, hier: S. 22ff.
[165] Gruner 1996, S. 63ff.

ersten Deportationen nach Lodz. Sie wurden fortgesetzt bis zur der Deportation der letzten „legal" in Berlin lebenden Juden im Juni 1943.[166]

2.2 Das Unternehmen Kempinski

2.2.1 Vorgeschichte des Unternehmens 1862-1928[167]

1862 eröffneten die aus Posen stammenden Brüder Moritz und Berthold Kempinski in Breslau eine Weingroßhandlung mit dem Namen „M. Kempinski & Co." Nachdem die Brüder mehrere Jahre zusammen gearbeitet hatten, entschloss sich Berthold Kempinski, aus der Breslauer Firma auszuscheiden. Er eröffnete daraufhin 1872 (oder 1873) in Berlin eine kleine Weinhandlung in der Friedrichstraße.[168] Nach einiger Zeit wurden zum Wein einfache Gerichte angeboten, zum Einheitspreis und wahlweise als halbe oder ganze Portion zu bestellen. Dieses Konzept wurde zum Erfolg und Markenzeichen Kempinskis. Später gefeiert als „Revolution im Restaurantbetrieb"[169], ermöglichte es einem breiten Kundenkreis, nicht nur bei Kempinski zu speisen, sondern vor allem auch am gesellschaftlichen Leben höherer Kreise teilhaben zu können. Auch im späteren Nobelrestaurant wurde das Konzept der halben Portion und der festgelegten Preise beibehalten. Das Geschäft in der Friedrichstraße florierte, und als die Räumlichkeiten zu klein wurden, verlegte Berthold Kempinski seinen Betrieb in ein von ihm erworbenes Haus in der Leipziger Straße. Dieses 1889 eröffnete „Stammhaus" wurde in der Folgezeit unter Ankauf benachbarter Immobilien kontinuierlich erweitert und 1910 zu einem luxuriösen Restaurant umgebaut.

Das rasante Wachstum des Unternehmens war begleitet von personellen Veränderungen in der Geschäftsleitung. Richard Unger, der im Jahr 1900 die einzige Tochter Berthold Kempinskis heiratete, wurde im selben Jahr Mitgesellschafter des Unternehmens. Ein Jahr später nahm man Hans Kempinski, einen Neffen des Firmengründers in den Gesellschafterkreis auf. Das Unternehmen wurde in eine Offene Handelsgesellschaft umgewandelt. Eine Aktiengesellschaft kam offenbar für Kempinski wo, „… die persönliche Note und die traditionsgebundene Betriebsführung eine außerordentliche Rolle…"[170] spielten, nicht infrage. Zum einen

---

[166] Martina Voigt, Die Deportation der Berliner Juden 1941 bis 1945, in: Zentrum für audiovisuelle Medien: Landesbildstelle Berlin (Hrsg.), Die Grunewald-Rampe. Die Deportation der Berliner Juden, Berlin 1993, S. 23-45, hier: S. 39f.

[167] Die Informationen zur Vorgeschichte des Unternehmens basieren sämtlich auf: Pracht 1994.

[168] Zur Diskussion: ebd., S. 18.

[169] Finanz- und Handelsblatt der Vossischen Zeitung vom 14. März 1910, zit. nach Pracht 1994, S. 18.

[170] Gutachten des Wirtschaftsprüfers J. Semler über die OHG M. Kempinski & Co., LAB, A Rep. 225-02, Nr. 28 (im Folgenden zitiert als „Gutachten Semler"), Bl. 9.

wollte man sich als traditionelles Familienunternehmen präsentieren, zum andern alle unternehmerischen Entscheidungen unabhängig von externen Geldgebern treffen können.

1910 starb der Gründer Berthold Kempinski als einer der „…populärsten Männer Berlins."[171] Seine Witwe erteilte als Alleinerbin ihrem Schwiegersohn Richard Unger die Generalvollmacht. Zusammen mit Hans Kempinski führte er das Unternehmen fort. 1912 stieg Kempinski mit der Eröffnung eines Delikatessengeschäftes in den Feinkosthandel ein und profilierte sich daneben weiter als Markenzeichen für gehobene Berliner Gastronomie. Ein Jahr später wurde in der Friedrichstraße 225 ein neues Weinlager bezogen, das dem auf 10.000 Flaschen täglich gestiegenen Umsatz des Weinhandels entsprach. Es erstreckte sich unterirdisch über 7000 Quadratmeter. Kempinski beschäftigte zu dieser Zeit ca. 800 Mitarbeiter, die neben dem Restaurantbetrieb und dem Feinkostladen vorrangig im Weinhandel tätig waren. Den ersten Weltkrieg überstand das Unternehmen unter anderem durch Heeresaufträge verhältnismäßig gut.

In den Nachkriegsjahren stieg eine dritte Gesellschaftergeneration in die Kempinski-Führung auf und prägte in der Folge das unternehmerische Handeln. 1924 wurden Dr. Walter Unger, ein Neffe Richard Ungers, sowie sein Schwiegersohn Dr. Walter Kohsen als persönlich haftende Gesellschafter in das Handelsregister eingetragen.[172] 1925 trat schließlich Dr. Friedrich Wolfgang Unger-Kempinski, der Sohn Richard Ungers in die Firmenleitung mit ein. Jenseits der Unternehmensgeschichte ist interessant, dass diese neuen Führungskräfte ausnahmslos christlich getauft waren – ein Indiz für einen in der Familie Kempinski vollzogenen religiös-kulturellen Anpassungsprozess. Vor allem aber waren sie in stärkerem Maße als die vorsichtig expandierenden alten Gesellschafter bereit, unternehmerische Risiken einzugehen und dem Unternehmenswachstum, unter anderem auch durch kreditfinanzierte Expansion, eine neue Dynamik zu geben. Dem zugute kam die Phase relativer Stabilität der Weimarer Republik ab 1923. Bereits 1921 war in Amsterdam eine Tochterfirma unter dem Namen „N. V. Wijnhandel Kempinski & Co." gegründet worden, um die Internationalisierung des Geschäfts voran zu treiben und den Export zu steigern. Zudem existierten bereits Verkaufsstellen in Norwegen, Polen und Schweden. 1925 kaufte man das Gebäude Friedrichstraße 225, in dem das Weinlager untergebracht war. Hierfür wurde bei der Schweizerischen Kreditanstalt ein Darlehen in Höhe von 3.700.000 sFr aufgenommen.

---

[171] Berliner Tagblatt, Nr. 133 vom 14. März 1910, 1. Beiblatt, zit. nach Pracht 1994, S. 31.
[172] Für die Familienverhältnisse vgl. den Stammbaum der Familie, Anlage 2 dieser Arbeit, S. 96.

Das Unternehmen engagierte sich auch im Weinanbau, indem es an Rhein und Mosel eigene Weinberge erwarb und Kelterhäuser übernahm. Kempinski folgte damit Produktionsprinzipien industrieller Großbetriebe jener Zeit. Die Produkte sollten möglichst gänzlich selbst hergestellt, die Produktion also vertikal organisiert werden, um auf diese Weise Transaktionskosten zu senken, Qualität zu sichern und Gewinne zu maximieren.[173] Dem gleichen Ziel diente der Aufbau eines dichten Netzes von internen Betrieben, darunter Bäckerei, Kaffeerösterei, Eisfabrik und technische Werkstätten.

Trotz der Expansion im Wein- und Lebensmittelhandel fand im Verlauf der 20er Jahre bei Kempinski eine endgültige Verlagerung des Hauptgeschäfts hin zum Restaurantbetrieb statt. 1926 wurden ein weiteres Restaurant und ein Feinkostgeschäft am Kurfürstendamm und in der Fasanenstraße eröffnet, um der so genannten „Westverschiebung" Berlins vom Zentrum hin zum neuen Berliner Westen zu begegnen.[174] Angesichts des abnehmenden Publikumverkehrs im Zentrum wurden die Kempinski-Betriebe im lebendigen Berliner Westen zum neuen Standbein des Unternehmens. Der Umsatz war zwar im deutlich größeren Betrieb im Zentrum höher, doch wurden im Westen die Kapazitäten voll ausgenutzt. Auch galten die Betriebe hier als exklusiver, die Bruttogewinnspanne übertraf die des Stammhauses um 3 Prozent.[175]

Kempinski befand sich 1928 auf dem Gipfel der Prosperität. Ausdruck dessen war die Eröffnung des „Haus Vaterland" am Potsdamer Platz im selben Jahr. Dieser Restaurantgroßbetrieb, der in zehn thematischen Sälen Erlebnisgastronomie für ein Massenpublikum bot, wurde das neue Flaggschiff des Unternehmens. 3.500 Gäste fanden hier Platz. Das Unternehmen Kempinski, das sich an der Haus Vaterland Gaststätten GmbH nur formell mit einer geringen Summe beteiligte, war über einen Bewirtschaftungsvertrag mit dem Betrieb verbunden. Kempinski hatte für zehn Jahre das ausschließliche Lieferungsrecht für alle Getränke, Lebens- und Genussmittel. Darüber hinaus lag, gegen eine Gestionsgebühr, die oberste Geschäftsführung aller Restaurationsbetriebe bei Kempinski. Das „Haus Vaterland" bedeutete den Einstieg Kempinskis in die Massengastronomie. In der Konzeption neuartig, übertrug es das Prinzip des Warenhauses auf einen Restaurantbetrieb. Erstmals wurde nicht nur das Bürgertum, sondern breite Schichten der Bevölkerung als Kunden Kempinskis gewonnen.

---

[173] Vg. Berghoff 2004, S. 65f.
[174] Gutachten Semler, Bl. 14.
[175] Ebd., Bl. 47.

2.2.2. Die Weltwirtschaftskrise 1929-1933

Zum Zeitpunkt der Eröffnung des „Haus Vaterland" 1928 hatte bereits eine Rezession eingesetzt. Ein Jahr später geriet auch Kempinski in den Sog der Weltwirtschaftskrise. Das Gastronomie- und Tourismusgewerbe wurde naturgemäß besonders hart von der Krise getroffen.[176] Doch trotz Umsatzeinbußen und Verschuldung bewies Kempinski eine bemerkenswerte Stabilität. Die neuen Betriebe im Berliner Westen, wo das Publikum über eine deutlich höhere Kaufkraft verfügte, erwiesen sich nun als kluge Investition. Das „Haus Vaterland" jedoch, „...konjunkturanfällig wie kein zweites..."[177], geriet in Schwierigkeiten. Hohe Kosten absorbierten den Profit, Sparmaßnahmen wurden eingeleitet. Die Kaufkraft der Kunden des „Haus Vaterland" ging so massiv zurück, dass 1930, wie ein Mitarbeiter sich in einer Sitzung beschwerte, zwar Gäste das „Haus Vaterland" besuchten, dort jedoch „...stundenlang bei einer Tasse im Café saßen."[178] In den Jahren 1931 bis 1933 musste Kempinski auf die ihm zustehende Gestionsgebühr verzichten.[179] 1931 übernahm die „Haus Vaterland GmbH" das „Café Trumpf" gegenüber der Gedächtniskirche. Auf diese Weise sollte für Kempinski ein Ausgleich für die zurückgehenden Umsätze im „Haus Vaterland" geschaffen werden. Nachdem die „Haus Vaterland GmbH" gegenüber Kempinski mit Zahlungen in Rückstand geriet, wurde das Café Trumpf schließlich an Kempinski übergeben.

Trotz Wirtschaftskrise expandierte das Unternehmen weiter. 1930 übernahm Kempinski das ursprüngliche Kempinski-Unternehmen in Breslau, das unabhängig vom Berliner Unternehmen weiter existiert hatte. Die Geschäftsführung sah in den Nachkommen des alten, in Breslau verbliebenen Bruders Berthold Kempinskis eine ernsthafte Konkurrenz, da diese ebenfalls unter dem Namen Kempinski firmieren durften. Durch Übernahme sollte diese Konkurrenz verhindert werden. Darüber hinaus pachtete M. Kempinski & Co. im Jahr 1932 das am Schlänitzsee bei Potsdam gelegene Schloss Marquardt und richtete hier einen Hotelbetrieb ein. Zusätzlich wurde nach Aufhebung der Prohibition in den USA 1932 die New Yorker Firma M. Kempinski & Co. Inc. gegründet, die jedoch kaum noch Gelegenheit hatte, ihre Geschäftstätigkeit auszudehnen.

Insgesamt sind die Auswirkungen der Wirtschaftskrise auf Kempinski differenziert zu bewerten. Einerseits führten die Expansionen der späten 20er Jahre in Verbindung mit der Wirtschaftskrise zu einem dramatischen Kapitalverlust. An-

---

[176] Allen 2002, S. 107.
[177] Brief der Haus Vaterland GmbH an die M. Kempinski & Co. OHG, A Rep. 225-02, Nr. 16.
[178] Aktennotiz über die Beiratssitzung der Haus Vaterland Gaststätten GmbH in den Räumen der Deutschen Bank und Disconto-Gesellschaft am 21. Mai 1931, BArch, R 8119 F / 5.242, Bl. 211-213.
[179] Gutachten Semler, LAB, A Rep. 225-02, Nr. 28, Bl. 34.

dererseits lagen diesen Expansionen folgerichtige unternehmerische Erwägungen zu Grunde. Das „Haus Vaterland", das sich nicht wie die vorherigen Restaurantbetriebe an das obere Bürgertum, sondern an die breite Masse der Bevölkerung richtete, trug dem veränderten Konsumverhalten in der Weimarer Republik und der Notwendigkeit einer Erweiterung des Kundenstammes Rechnung. Doch der in dem Ausmaß nicht vorauszusehende Einbruch der Kaufkraft machte „Haus Vaterland" zu einem Verlustgeschäft, da Kempinski enorme Summen in den Umbau investiert hatte.[180] Das im Ausgleich für ausbleibende Zahlungen der „Haus Vaterland GmbH" übernommene Café Trumpf war in der Folgezeit mit einer Rendite von 18,7 Prozent die profitabelste der Kempinski-Gaststätten.[181] Schloss Marquardt sollte dazu beitragen, die schlechte Auslastung der internen Zulieferbetriebe im Sommer auszugleichen. Dies wurde auch erreicht, doch konnten dennoch in Marquardt keine Gewinne erwirtschaftet werden.[182] Die Übernahme der Niederlassung in Breslau schließlich erwies sich mit einem Verlust von 1 Million RM als der größte Fehlschlag des Unternehmens. Das Weinrestaurant wurde bereits 1932 wieder geschlossen. Es war zum einen „zu großzügig gestaltet"[183] gewesen, zum anderen kamen hier schon vor 1933 antisemitische Tendenzen zum tragen, wie im Folgenden näher erläutert wird.

Die Gesamtumsätze des Unternehmens gingen in Folge der Wirtschaftskrise von 20.325 Mio. RM im Geschäftsjahr 1928/29 auf 15.692 Mio. RM (1931/32) zurück – trotz der neuen Betriebe Trumpf, Marquardt und Breslau.[184] Die Gewinne brachen bereits 1929/30 ein. Sie betrugen nur noch 206.194,13 RM gegenüber 593.342,40 RM im Vorjahr, stabilisierten sich dann jedoch. Entscheidend ist, dass im Geschäftsjahr 1932/33 noch immer ein Betriebsgewinn von 198.823,17 RM erwirtschaftet wurde. M. Kempinski & Co. war also bei Machtantritt der Nationalsozialisten ein rentables Unternehmen.[185] Hierzu hatten auch die Expansionen des Unternehmens beigetragen. Dr. Semler urteilte in seinem Gutachten: „...dass zwar die Einbussen in den Krisenjahren ausserordentlich heftig waren, dass es aber infolge der weitsichtigen Geschäftspolitik gelungen ist, durch Betriebsausweitung den Umsatzrückgang nach Möglichkeit aufzufangen."[186] Auch mussten bis 1933 keine Entlassungen vorgenommen werden.[187] Fatal war allerdings die

---

[180] Die Kosten für den Umbau waren zunächst auf 2,5 Mio. veranschlagt, beliefen sich schließlich auf rund 5 Mio., vgl.: BArch, R 8119 F / 5.242, Bl. 2/1-5.
[181] Gutachten Semler, Bl. 6.
[182] Ebd., Bl. 33.
[183] Ebd., Bl. 66.
[184] Ebd., Bl. 26.
[185] Ebd.
[186] Ebd., Bl. 25.
[187] Für die Beschäftigungszahlen 1924-1936 vgl. Prüfungsbericht der Deutsche Revisions- und Treuhand-AG zum Jahresabschluss der OHG M. Kempinski & Co. für das Jahr 1933/34, LAB, A Rep. 225-02, Nr. 1 (im Folgenden zitiert als „DRTAG 1933/34"), S. 8f.

massive Reduktion des Gesellschaftskapitals aufgrund der zahlreichen Expansionen und Engagements während der 20er Jahre. Die meisten Expansionen waren fremdfinanziert, das Unternehmen somit hoch verschuldet. [188] Die selbst in schwersten Zeiten vorangetriebene Geschäftsausweitung und der Schuldendienst hätten im Folgenden dringend eine Phase der Stabilität und Konsolidierung erfordert. Doch diese sollte ausbleiben.

Schon vor 1933 war Kempinski von antisemitischen Maßnahmen betroffen. Das am 1. Dezember 1930 in Breslau neu eröffnete Weinrestaurant war zunächst ein Erfolg, entwickelte sich jedoch schnell zu einem Verlustgeschäft. Das von Kempinski 1936 in Auftrag gegebene Gutachten des Wirtschaftsprüfers Dr. Semler betont, dass neben der Wirtschaftskrise gerade die besonderen antisemitischen Aktivitäten in Breslau vor 1933 eine Hauptursache für den geschäftlichen Misserfolg gewesen seien. [189] Im April 1932 wurde das Restaurant wieder geschlossen, der bestehende Feinkostladen weitergeführt. Um die Schankkonzession nicht verfallen zu lassen, wurde am 28 November 1933 eine Imbissstube im Gebäude eröffnet, was indes auf Widerstand stieß. Der ehemalige Pächter des Grundstückes, Besitzer des Weinhauses „Kaisergarten", versuchte die Wiedereröffnung zu verhindern. Er wurde bestärkt durch den Treuhänder Arbeit. Dieser riet ihm, sich an den Einheitsverband der Gastwirte und den Breslauer Stadtausschuss zu wenden. Es sei zweifelhaft, „... ob die Wiedereröffnung Kempinski nicht inhibiert werden könnte". [190] Ob tatsächlich weiter gehende Anstrengungen unternommen wurden, geht aus den vorliegenden Quellen nicht hervor. Dies scheint jedoch nicht der Fall gewesen zu sein, die Imbissstube und das Feinkostgeschäft konnten weiter betrieben werden.

Auch in Berlin wurde der Antisemitismus schon vor 1933 für das Unternehmen spürbar. Ein Kempinski-Restaurant soll 1931, im Jahr des Kurfürstendammkrawalles, von nationalsozialistischen Studenten mit Steinen beworfen, das Auto des Mitinhabers Hans Kempinski mutwillig beschädigt und mit Judensternen beschmiert worden sein. [191] In welchem Ausmaß allerdings sich die antisemitischen Aktionen vor 1933 geschäftsschädigend auf die Berliner Betriebe ausgewirkt haben, kann nicht beurteilt werden. Die generellen Verwerfungen bei den Umsatzzahlen aufgrund der Wirtschaftskrise lassen keine differenzierten Aussagen zu, und auch in den Akten finden sich diesbezüglich keine Hinweise.

---

[188] Goldmarkeröffnungsbilanz 1933/34, DRTAG 1933/34, Anlage IV.
[189] Gutachten Semler, Bl. 32f.
[190] Staatsarchiv zu Breslau, Inspektorat Pracy Powincji Dolnoslaskiej, sygn. 4618, Bl. 1-12; zit. nach Pracht 1994, S. 81.
[191] Interview mit Fritz Teppich vom 1. Juli 2006.

2.2.3 „Arisierung" als gesellschaftlicher Prozess

2.2.3.1 Der Boykott 1933/1934

Mit Machtantritt der Nationalsozialisten und der folgenden Boykottbewegung trat eine neue Phase ein. Einen Dienstleistungs- und Restaurationsbetrieb wie Kempinski, der täglich auf eine hohe Zahl von Kunden angewiesen war und in großem Maße in der Öffentlichkeit stand, trafen die Boykotte empfindlicher als etwa jüdische Industriebetriebe. Am 1. April 1933 sollen im Rahmen der reichsweiten Boykottaktion, wie an den meisten jüdischen Geschäften Berlins, auch an sämtlichen Kempinskibetrieben Schilder gehangen haben, welche diese als jüdische Betriebe brandmarkten und vor dem Eintritt warnten.[192] Dr. Semler liefert in seinem Gutachten detaillierte Zahlen für den Umsatzrückgang bei Kempinski seit 1933. Dabei lassen sich mehrere qualitative Unterschiede zur Wirtschaftskrise feststellen, die zu dem Ergebnis führen, dass dieser weitere Umsatzrückgang nur durch die Boykottbewegung zu erklären ist.

Erstens bietet die prozentuale Verteilung der Unternehmensumsätze zwischen 1927 und 1934 Hinweise darauf, dass gerade der Boykott, und nicht die Wirtschaftskrise die Ursache für den weiteren Umsatzrückgang war. Seit dem Geschäftsjahr war 1927/28 der Anteil des Weinhandels am Gesamtumsatz kontinuierlich zugunsten des Umsatzes durch Speisen gesunken. Die Restaurationsbetriebe gewannen im Unternehmen zunehmend an Gewicht. Dies entsprach auch der Strategie der Unternehmensführung, die durch die Eröffnung der neuen Betriebe im Westen und vor allem von „Haus Vaterland" in diesem Geschäftsbereich des Unternehmens expandiert hatte. Doch im Geschäftsjahr 1933/1934 kehrte sich dieser Trend erstmals um. Der prozentuale Anteil des Weinhandels stieg nun wieder. Zwar war auch der Umsatz im Weinhandel in absoluten Zahlen rückläufig, doch mehr noch der Umsatz im Gastronomiebereich. Zwischen dem Geschäftsjahr 1932/33 und 1933/34 sank der Umsatz mit Wein um fünf Prozent, der Umsatz mit Speisen brach im gleichen Zeitraum um 12 Prozent ein.[193] Dies dürfte in der unterschiedlichen Anfälligkeit beider Sparten für Boykottaktionen begründet sein. Ein Großteil des Umsatzes mit Wein wurde im Großversand, auch im Export, erwirtschaftet. Hier zeigte die Boykottbewegung nicht die gleiche Wirkung wie im Umsatz mit Speisen in den Berliner Kempinski-Restaurants, die auf die Kundschaft vor Ort angewiesen waren.

---

[192] Interview Elisabeth Kohsen, geführt von Elfi Pracht am 9. Juli 1990, zur Verfügung gestellt von Frau Prof. Dr. Steffi Jersch-Wenzel.

[193] Jahresumsätze Berliner Gaststätten und Deli-Laden, Anlagen zum Gutachten des Wirtschaftsprüfers J. Semler über die OHG M. Kempinski & Co., A Rep. 225-02, Nr. 29 (im Folgenden zitiert als „Anlagen Gutachten Semler"), Anlage VI.

Nachdem zwischen Januar und März 1934 ein Tiefpunkt der Umsatzentwicklung erreicht wurde, stieg er bis zum Frühjahr 1935, parallel zur gesamtwirtschaftlichen Erholung, wieder leicht. Jedoch lässt sich auch bei dieser Steigerung feststellen, dass die „boykottanfällige" Gastronomiesparte Kempinskis davon ausgenommen war: „Getrennt betrachtet indes, zeigen die Verkaufsbetriebe seit 1934 eine schwache Tendenz zur Besserung, während die Gaststätten leicht abfallen." [194] Differenziert man die Umsatzentwicklung der einzelnen Kempinski-Betriebe, so fällt auf, dass vor allem im Zentrum die Umsätze sowie die Gästezahlen zurückgingen. Die Weinstuben im Stammhaus verzeichneten einen Umsatzverlust von 14 Prozent, „Haus Vaterland" sogar 15,5 Prozent. Die Weinstuben im Westen büßten 11, 5 Prozent Umsatz ein. [195]

Ein weiteres Indiz für die Auswirkung der Boykottbewegung stellt das Verhältnis zwischen den Umsatzzahlen und der Zahl der Gäste dar. Solide Daten existieren hier jedoch nur für die Betriebe im Berliner Zentrum. In der Wirtschaftskrise war vor allem der Umsatz massiv zurückgegangen, die Zahl der Gäste jedoch nicht in dem gleichen Maße. Die Kundschaft kam nach wie vor, konsumierte allerdings weniger. Ab 1933 ging auch die Zahl der Gäste deutlich stärker zurück. Diese sank von 1.902 im zweiten Halbjahr 1932 auf 1.595 im ersten Halbjahr 1935. Der Durchschnittsverzehr jedoch stieg im gleichen Zeitraum leicht von 4,23 auf 4,67 RM. [196] Demzufolge dürfte also nicht die gesunkene Kaufkraft der Kunden für den Umsatzrückgang verantwortlich gewesen sein, sondern das Ausbleiben der Gäste, ein qualitativer Unterschied zur Wirtschaftskrise, der ebenfalls auf die Boykottbewegung hinweist. Auch Dr. Semler kommt zu diesem Er-gebnis: „Eine Auswirkung der Boykott-Bewegung lässt sich aus den Ziffern „Zentrum" erkennen." [197] Besonders deutlich wird die Bedeutung des Boykotts bei einem Vergleich der allgemeinen Entwicklung im Gastgewerbe und Lebensmittelhandel im gleichen Zeitraum. Das Gastgewerbe konnte sich insgesamt leicht erholen, der Umsatz stieg um 3,6 Prozent, der Lebensmittelhandel hatte ebenfalls die Talsohle der Wirtschaftskrise durchschritten, hier stiegen die Umsätze leicht um 1,7 Prozent. [198] Insgesamt lässt sich feststellen, dass der weitere Umsatzrückgang nach Machtantritt der Nationalsozialisten eindeutig auf die Boykottbewegung zurück zu führen ist. Dies erschließt sich erstens aus dem Vergleich der wirtschaftlichen Entwicklung der einzelnen Unternehmenssparten, zweitens durch die Entwicklung der

---

[194] Gutachten Semler, Bl. 55; sowie Umsatzentwicklung in 12-Monatskurven, Anlagen Gutachten Semler, Anlage IV.
[195] Jahresumsätze Berliner Gaststätten und Deli-Läden , Anlagen Gutachten Semler, Anlage VI.
[196] Gutachten Semler, Bl. 22.
[197] Ebd., Bl. 23.
[198] Jahresumsätze Wein- und Lebensmittelhandel, Anlagen zum Gutachten Dr. J. Semlers, Anlage VII.

Umsatzzahlen unter Berücksichtigung der Gästezahlen und drittens aufgrund des Vergleichs mit der gesamtwirtschaftlichen Entwicklung der Branche im gleichen Zeitraum. Dr. Semler kommt in seinem Gutachten zu dem gleichen Ergebnis. „Auf jeden Fall erscheint der Umsatzeinbruch im Jahre 1933 [...] anormal groß. Die Folgerung, dass die Kempinski-Betriebe auf Grund der nicht arischen Inhaber 1933 eine besondere Umsatzeinbuße erlitten haben, liegt durchaus nahe."[199] Der Umsatzeinbruch während der Weltwirtschaftskrise 1931/1932 fiel mit 16 Prozent zwar höher aus als 1933/34 (9 Prozent).[200] Doch war Kempinski gerade deshalb äußerst verletzbar geworden. Das Unternehmen war nach den Expansionen und der Krise auf eine Phase der Konsolidierung angewiesen, die jedoch ausblieb. Der erneute Umsatzrückgang 1933 war insofern entscheidend, als Kempinski von nun an unterhalb der Rentabilitätsgrenze wirtschaftete, es wurden erstmals keine Gewinne mehr erzielt.[201] Kapitalschwund und zunehmende Verschuldung waren die Folge.

2.2.3.2 Die Kündigung von Geschäftsbeziehungen

Vermutlich war Kempinski auch von dem Boykott staatlicher und kommunaler Stellen betroffen, die sich von Kempinski nicht mehr beliefern ließen. Die Tatsache, dass die Firma im Ersten Weltkrieg Heeresaufträge hatte, legt nahe, dass auch öffentliche Stellen von Kempinski Waren bezogen. Berliner kommunale Stellen führten sukzessive ab April 1933 den „Arierparagraphen" für ihre Lieferanten ein.[202] In welchem Ausmaß diese aber das Betriebsergebnis beeinflussten, welche öffentlichen Einrichtungen überhaupt Kunden bei Kempinski waren, kann aus dem verfügbaren Quellenmaterial nicht mehr rekonstruiert werden. Das einzige Beispiel für die Einflussnahme staatlicher Stellen stellt „George Broche", ein Tochterunternehmen Kempinskis, dar.[203] George Broche war eine vertragliche Vertriebsstelle der Reichsmonopolverwaltung für Branntwein. Dieser Vertrag wurde von staatlicher Seite im Juni 1933 gekündigt, George Broche war damit nicht mehr berechtigt, branntweinhaltige Getränke zu verkaufen.

Kempinski reagierte auf die Kündigung des Vertrages, in dem das Unternehmen für den symbolischen Preis von 1 RM an den Kellermeister George Broches verkauft wurde. Verbunden war damit die Hoffnung, der „arisch" geführte Betrieb könne die Konzessionen wiedererlangen und auf vertraglicher Basis mit Kem-

---

[199] Gutachten Semler, 1936, Bl. 19.
[200] Jahresumsätze in Millionen RM , Anlagen Gutachten Semler, Anlage III.
[201] Gutachten Semler, Bl. 26.
[202] Gruner 1996, S. 23ff.
[203] Sämtliche Informationen zum Vorgang George Broche in: DRTAG 1933/34, Bl. 51.

pinski weiter arbeiten. Der Erwerber starb jedoch kurz nach dem Verkauf, das Unternehmen ging an Kempinski zurück, wo es ohne die wichtigen Konzessionen keine nennenswerte Wirtschaftstätigkeit entfalten konnte. Die DRTAG urteilte hierzu in einem Bericht: „Nach dem Entzug des Branntweinverkaufsrechtes dürfte der Beteiligung ein besonderer Wert nicht beizulegen sein."[204] Im Januar 1936 schließlich, die Verhandlungen zur Übernahme durch Aschinger hatten schon begonnen, notierte der Prokurist Kempinskis, Werner Steinke, in einem Memorandum, man sei bereit George Broche „...zu außerordentlichen Bedingungen..." zu verkaufen.[205]

Das Verhältnis zu anderen Unternehmen wurde ebenfalls belastet. 1933 wurden die Inhaber Kempinskis aus der Industrie- und Handelskammer Berlins ausgeschlossen, wo Richard Unger in mehreren Kommissionen und F. W. Unger-Kempinski im Fachausschuss für den Weinhandel tätig gewesen waren.[206] Dies bedeutete zum einen eine gesellschaftliche Ausgrenzung aus dem Wirtschaftsleben Berlins, zog aber auch die Abschottung von Informationsflüssen über Ausschreibungen und Auftragsvergaben nach sich. Mehrere Unternehmen dürften zudem ihre Verträge mit Kempinski gekündigt haben. In den Quellen finden sich diesbezüglich jedoch nur wenige Hinweise. Ein überliefertes Beispiel für einen derartigen Fall ist die Domkellerei zu Köln AG, die einen Vertretungsvertrag mit Kempinski hatte. Diesen Vertrag löste das Unternehmen in der zweiten Hälfte des Jahres 1936. Nicht wirtschaftliche Gründe, sondern antisemitische Vorbehalte oder zumindest die Sorge um den eigenen Ruf als „arischer Betrieb" dürften ausschlaggebend gewesen sein. Über mehrere Jahre war diese Verbindung mit Kempinski außerordentlich profitabel für die Domkellerei gewesen.[207]

Eigentümer des „Haus Vaterland" war die Bank für Grundbesitz und Handel, die mit Kempinski einen Gestionsvertrag und ein Lieferungsabkommen geschlossen hatte. Die auch nach 1933 stagnierenden Umsätze hatten die Bank in Liquiditätsprobleme gebracht. Das Schweizer Bankhaus „Leu & Co.", das Hypothekengläubigerin der „Haus Vaterland GmbH" war, erarbeitete einen Sanierungsplan, demzufolge auch von Kempinski Verzicht gefordert wurde. Das Unternehmen sollte auf die vereinbarte Mindestregie von 100.000 RM verzichten und bis Mai 1934

---

[204] Ebd.
[205] Memorandum des Unternehmens betr. Verkauf der Bardinet AG, BArch, R 8138, Nr. 3404, Bl. 65.
[206] Für Richard Unger vgl. Verzeichnis der Mitglieder, Beamten und Kommissionen der Industrie- und Handelskammer sowie der Organe der Börse zu Berlin, (hrsg. v. der Industrie- und Handelskammer zu Berlin, Berlin 1931, S. 48. Für F. W. Unger-Kempinski vgl. Pracht 1994, S. 99.
[207] Handelsregisterakten, Amtsgericht Charlottenburg, HRA 87450, Bl. 12, zit. nach Pracht 1994, S. 96.

keine, danach deutlich verringerte Gestionsgebühren erhalten.[208] Kempinski willigte ein, doch scheint die Boykottbewegung auch auf „Haus Vaterland" wirtschaftlichen Druck ausgeübt zu haben. Innerhalb der Geschäftsleitung wurde zunehmend die nicht-„arische" Belieferung von „Haus Vaterland" zum Problem. Am 8. Juni 1936 fand eine Vertrauensratssitzung der „Haus Vaterland GmbH" statt.[209] Es wurde diskutiert, die großflächigen Kempinski-Schilder, die über den verschiedenen Eingangsportalen des Gebäudes hingen, zu entfernen. Die beiden stellvertretenden Betriebsführer von „Haus Vaterland", August Lechner und Hugo Marktscheffel waren dagegen der Meinung, dies reiche nicht aus, „... um nach außen hin den Eindruck eines arischen Betriebes zu erwecken, solange die Belieferung des Hauses Vaterland durch Kempinski, vertraglich festgelegt, erfolgt." [210] Die Forderung nach Einsetzung eines „arischen Betriebsführers" kommentierter Lechner in der Sitzung damit, dass „... dieser Wunsch von uns allen schon öfter gestellt worden sei."[211] Diesbezüglich endete die Sitzung jedoch ergebnislos. Die Olympiade vom 1. bis 16. August 1936 brachte „Haus Vaterland" zunächst steigende Umsätze und Kempinski noch einmal Gewinne ein und sorgte so für einen Aufschub.[212] Doch am 18. März 1937 kündigte schließlich die Bank für Grundbesitz und Handel alle Verträge mit Kempinski zum 31. März 1938.[213] Dies hatte aufgrund der Übernahme durch Aschinger im Juli 1937 zwar keine wirtschaftliche Relevanz mehr für Kempinski, doch war damit den Inhabern schon vor der „Arisierung" deutlich geworden, dass ihr Unternehmen seinen größten Abnehmer verlieren würde.

Selbst für Geschäftspartner, die der Kempinski-Familie verbunden waren und sich über Jahre um gute Geschäftsbeziehungen bemüht hatten, wurde es zunehmend schwierig, die eigenen wirtschaftlichen Risiken angesichts einer drohenden „Arisierung" des Unternehmens zu ignorieren. Louis Ravené, der das Schloss Marquardt an Kempinski verpachtet hatte und auch angesichts der finanziellen Schwierigkeiten des Unternehmens nach 1933 vielfach zu Zugeständnissen und Pachtminderungen bereit war, äußerte sich am 30. Dezember 1936 in einem Brief an die Geschäftsleitung, diese dürfe nicht vergessen, „...dass ständig Verhandlun-

---

[208] Aktennotiz Besprechung in Sachen „Haus Vaterland / Kempinski zwischen Herrn Dr. Diggelmann, Ludwig Sachs, August Lechner und Kommerzienrat Richard Unger, Hans Kempinski, Dr. Walter Unger und Dr. F.W. Unger-Kempinski am 21. November in der Privat wohnung von Kommerzienrat Unger, Fasanenstr. 4, LAB, A Rep. 225-02, Nr. 16; sowie Gutachten des Rechtsanwalts Dr. Walter Zander über das rechtliche Verhältnis der Firma M. Kempinski & Co zu „Haus Vaterland", ebd.
[209] Protokoll der Vertrauensratssitzung vom 8. Juni 1936, LAB, A Rep. 225-02, Nr. 16.
[210] Ebd.
[211] Ebd.
[212] Einnahmen von „Haus Vaterland" vom 1. bis 16. August 1936; LAB, A Rep. 225-02, Nr. 16; Schreiben von August Lechner an Direktor Dr. Diggelmann von der Leu & Co. vom 17. August 1936, ebd.
[213] Ebd.

gen über den Verkauf Ihrer Firma..." drohten und betonte die für ihn bestehenden Risiken bei einer weiteren Geschäftsbeziehung mit Kempinski.[214]

2.2.3.3 Die Funktion der Banken, innerbetriebliche Spannungen

In der jüngeren Forschung wurde, wie im einleitenden Überblick beschrieben, der Rolle der Banken eine zunehmend wichtige Funktion in den Enteignungsprozessen eingeräumt. Kredite wurden nicht verlängert oder nur zu äußerst ungünstigen Konditionen vergeben. Hier sieht auch Wolfgang Mönninghoff einen Hauptgrund für die finanzielle Zwangslage Kempinskis. Die jüdische Privatbank Gebr. Arnhold, Mönninghoff zufolge die Hausbank Kempinskis, sei 1933 von der Dresdner Bank „arisiert" worden. Diese habe daraufhin noch vor dem Boykott der Nationalsozialisten vom 4. April die Kredite storniert und damit Kempinski in Liquiditätsprobleme gebracht, die durch den Boykott noch verschärft worden seien.[215] Für Mönninghoffs These finden sich in den Quellen gleichwohl keine Belege. Dass Kempinski Kunde der jüdischen Privatbank war, geht aus den Akten nicht hervor. Darüber hinaus irrt Mönninghoff, wenn er lapidar schreibt, Arnhold sei 1933 von der Dresdner Bank „arisiert" worden. Erstens war es nicht die Dresdner Bank selbst, sondern deren Tochtergesellschaft Hardy & Co., die 1933 Gebr. Arnhold übernahm. Zweitens war dieser Kauf nur auf den Dresdner Hauptsitz der Privatbank beschränkt. Die Berliner Filiale Gebr. Arnhold, deren Kunde Kempinski als Berliner Unternehmen aller Wahrscheinlichkeit nach hätte sein müssen, existierte noch bis Februar 1938 in jüdischem Besitz weiter.[216] Zwar war Hardy & Co eine der Gläubigerbanken Kempinskis, jedoch nur mit einer verhältnismäßig geringen Summe engagiert. Dass dieser Kredit von Gebr. Arnhold, Dresden stammt und dann von Hardy & Co. weiter geführt wurde, dafür finden sich weder im Unternehmensbestand Kempinskis noch in den anderen untersuchten Beständen Hinweise. Der Kreditrahmen bei Hardy & Co. war jedoch in keinem Fall geschäftsentscheidend.

Elfi Pracht geht in ihrer Untersuchung auf die Rolle der Banken leider erst im Kontext der Übernahmeverhandlungen ein, nicht jedoch in der Phase 1933 bis 1936. Allerdings geht aus den Quellen auch nicht hervor, inwieweit Kreditlinien gekürzt oder die Konditionen geändert wurden. Dass dies der Fall war, erscheint angesichts der jüngsten Untersuchungen zur Rolle der Banken bei „Arisierungen" sehr wahrscheinlich. Das Beispiel der Cottbuser Tuchfabrik Gustav Samson

---

[214] Geheimrat Dr. Louis Ravené an die Geschäftsleitung der M. Kempinski & Co. am 30. Dezember 1936, LAB, A Rep. 225-02, Nr. 22.
[215] Vgl. Mönninghoff 2001, S. 47.
[216] Lässig 1998, S. 171.

etwa zeigt eindrücklich, wie die Bank sukzessive Kreditlinien kürzte und die Kreditkonditionen verschlechterte.[217] Die Schuldenspirale, in die Kempinski bis 1936 zunehmend geriet, liegt auch darin begründet, dass das Unternehmen auf kurzfristige und besonders auf Warenkredite angewiesen war. Vermutlich musste das Unternehmen diese hoch verzinsten Kredite annehmen, weil keine günstigeren Kreditkonditionen mehr gewährt wurden. Der einzig überlieferte Fall einer direkten Intervention seitens einer Bank betrifft die Reichskreditgesellschaft AG (ERKA), die größte Gläubigerin Kempinskis.[218] Ohne die Geschäftsleitung zu informieren, leitete sie im August 1935 Verhandlungen über den Verkauf einer Kempinski-Tochter, der Berliner Bardinet AG ein.[219] Entscheidend war die Tatsache, dass es sich bei Bardinet um das profitabelste Engagement Kempinskis handelte. Die ERKA scheint mit einem Konkurs oder einem Verkauf Kempinskis gerechnet zu haben und fürchtete um die Rückzahlung der Kredite. Aus diesem Grund sollte gleichsam das „Filetstück" des Unternehmens zu einem guten Preis verkauft werden, um Schulden zu tilgen. Ohne die Zustimmung der Unternehmensführung war jedoch ein Verkauf nicht zu bewerkstelligen Am 8. Oktober 1935 wurde Walter Unger in die Verhandlungen eingebunden.[220] Auch wenn die Inhaber sich zunächst einverstanden zeigten, waren sie an einem Verkauf um jeden Preis nicht interessiert, zumindest nicht zu diesem Zeitpunkt. Sie stellten Bedingungen, wie etwa die Befristung des Gebrauchs des Labels und der Rezepturen auf zehn Jahre, also bis 1945, sowie die Übernahme der Fabrikationsräume in der Quitzowstraße. Der Kaufinteressent, das Unternehmen Ferd. Rümforth Nachf. AG, war unter diesen Bedingungen nicht bereit die Berliner Bardinet zu übernehmen. Das Geschäft scheiterte.[221] Gleichwohl wird an diesem Beispiel deutlich, dass die Banken angesichts der finanziellen Situation Kempinskis um ihre Kredite fürchteten und auch, wie im Falle der ERKA, zum Nachteil des Unternehmens aktiv werden konnten, um ihre finanziellen Interessen zu sichern.

Der Antisemitismus äußerte sich nicht nur im Boykott der Betriebe sowie der gesellschaftlichen und wirtschaftlichen Ausgrenzung, sondern auch in der internen Mikropolitik des Unternehmens. Wie einleitend beschrieben, existierte zwischen jüdischen und nicht jüdischen Angestellten vielfach eine unsichtbare „Apartheidslinie". Die Autorität der jüdischen Firmenleitung wurde nicht mehr widerspruchslos anerkannt, nationalsozialistische Betriebszellen in den Unternehmen opponier-

---

[217] Vgl. Herbst 2004, S. 74-137.
[218] DRTAG 1933/34, Bl. 70ff.
[219] „Aus besonderen Gründen haben wir ein Interesse daran, dass Kempinski dieses Paket veräußert. [...], da Kempinski unsere Pläne noch nicht bekannt sind." Vermerk der Kreditabteilung der Reichskreditgesellschaft AG (ERKA) vom 17. August 1935 betr. Bardinet AG; BArch, R 8136, Nr. 3404, Bl. 221/222.
[220] M. Kempinski & Co. an die ERKA am 12. Oktober 1935, ebd., Bl. 135.
[221] Aktenvermerk von Dr. Goetz (ERKA) vom 12. Dezember 1935, ebd. S. 204f.

ten gegen die Betriebsleitung. Als „nicht-arisches" Unternehmen war Kempinski gezwungen, einen „arischen" Betriebsführer an den Unternehmensentscheidungen teilhaben zu lassen. Fritz Eger, Betriebsführer bei Kempinski, war offensichtlich eine jener Personen, die einerseits das Vertrauen der auf „arische" Mitunternehmer angewiesen jüdischen Unternehmensführung genossen, auf der anderen Seite durch die ihnen angetragen Stellungen in einem besonderen Maße von der Verdrängung der jüdischen Unternehmer profitierten und diese oftmals auch ausnutzten. Fritz Eger wurde im Dezember 1936 Nachfolger von Hans Kempinski als Geschäftsführer der „Haus Vaterland GmbH", auf Wunsch der Eigentümer, da diese „… in der jetzigen schwierigen Übergangszeit es für erforderlich halten, dass eine Persönlichkeit mit Autorität und Tatkraft die Interessen unserer Firma gemäß den geschlossenen Verträgen wahrnimmt."[222] Auch Hugo Marktscheffel, langjähriger Prokurist Kempinskis, ging offensichtlich auf Distanz zur Unternehmensleitung, wenn er, wie oben beschrieben, in einer Besprechung die „Arisierung" des „Haus Vaterland" forderte. In den Quellen ist zudem belegt, dass die Deutsche Arbeitsfront Spitzel im Unternehmen hatte. So wurden Kellner, die kommunistisches Propagandamaterial verteilt hatten, nach einer Denunziation eines DAF-Spitzels verhaftet.[223]

Das überlieferte Ergebnis der Vertrauensrätewahl von 1935 bietet einen Einblick zum einen in die nationalsozialistische Gesinnung der Arbeitnehmer, zum anderen auch in die Spaltung der Belegschaft: 70 Prozent wählten den nationalsozialistischen Kandidaten, immerhin 30 Prozent die Opposition.[224] Die Neue Institutionenökonomie (NIÖ) hat, insbesondere im Zusammenhang mit der betrieblichen Mitbestimmung, darauf hin gewiesen, wie wichtig ein Vertrauensverhältnis zwischen Geschäftsleitung und Belegschaft ist. Das so genannte Prinzipal-Agent-Problem, ein zentrales Theorem der NIÖ, geht davon aus, dass der Wissensvorsprung der Angestellten und Arbeiter über die einzelnen Abläufe im Betrieb so hoch ist, dass dieser bei Konflikten ausgenutzt werden kann. Bei ausbleibendem Informationsfluss nach oben kann diese Informationsasymmetrie die Geschäftsführung empfindlich treffen.[225] Dies war offensichtlich bei Kempinski der Fall. Dr. Semler stellt in seinem Gutachten 1935 fest: „Die Entwicklung der letzten Jahre lässt die Auswirkung besonderer geschäftshemmender Momente erkennen. Umsatz, Einflussmöglichkeit der Leitung auf den Betrieb in autoritärer Hinsicht und

---

[222] Schreiben der M. Kempinski & Co. an Fritz Eger vom 1. Dezember 1936, LAB, A Rep. 225-02, Nr. 16.

[223] Schreiben an die Deutsche Arbeitsfront DAF, Abt. Abwehr, vom 7. Juni 1934, BLHA, 62 DAF 1, Nr. 16, Bl. 125, zit. Nach Pracht 1994, S. 101.

[224] Willy Buschak, Von Menschen, die wie Menschen leben wollten. Die Geschichte der Gewerkschaft Nahrung-Genuß-Gaststätten und ihrer Vorläufer, Köln 1985, S. 251.

[225] Richter / Furubotn 1999, S. 288ff.

Unternehmergeist wurden bei Kempinski als nichtarisches Unternehmen in Mitleidenschaft gezogen."[226]

Schließlich spielte auch die gesellschaftliche Ausgrenzung der Unternehmerfamilie eine nicht zu unterschätzende Rolle.[227] Da diesbezüglich in den Akten keine Informationen zu finden sind, ist die einzig vorliegende Quelle das von Elfi Pracht mit Elisabeth Kohsen 1990 geführte Interview.[228] Demnach wurden die Kinder der Familie in der Schule gemieden, vom morgendlichen Fahnenappell ausgeschlossen. Elisabeth Kohsen selbst durfte das von ihr täglich genutzte Schwimmbad am Halensee seit dem 1. April 1933 nicht mehr besuchen. Über diese wenigen überlieferten Beispiele hinaus ist von einer umfassenden gesellschaftlichen Ausgrenzung auszugehen, da die kommunalen Behörden Berlins schnell und umfassend das gesellschaftliche Leben der Berliner Juden einzuschränken verstand.[229] Es ist nicht auszuschließen, dass auch hier zentrale Beweggründe für die Entscheidung der Familie auszumachen sind, die Betriebe zu veräußern und zu emigrieren.

2.2.3.4 Kapitalschwund und Sparmaßnahmen

Aufgrund der massiven Expansionen des Unternehmens während der zwanziger Jahre hatte sich schon vor 1933 das Unternehmenskapital kontinuierlich verringert.[230] Neben der Betriebsausweitung scheinen auch private Entnahmen der Eigentümer das Kapital reduziert zu haben.[231] Darüber hinaus wurden zwischen 1925 und 1927 Hypothekenaufwertungen vorgenommen, die ebenfalls zu Lasten des Kapitalstocks gingen. 1934 musste zudem der ehemalige Gesellschafter Dr. Walther Kohsen, der nach der Auflösung seiner Ehe mit Elisabeth Kohsen aus dem Unternehmen ausschied, mit 400.000 RM abgefunden werden.[232]

Die Deutsche Revisions- und Treuhand AG (DRTAG) bemängelte in ihrem Gutachten von 1934, Kempinski habe regelmäßig zu geringe Abschreibungen vorgenommen.[233] Die Gutachten der DRTAG müssen als Quelle zwar kritisch betrachtet werden, da diese als staatliche Gesellschaft darauf abgezielt haben könnte, den

---

[226] Gutachten Semler, Bl. 65.

[227] Vgl. das Kapitel über „Arisierung" als gesellschaftlichen Prozess in dieser Arbeit, S. 26.

[228] Interview Elisabeth Kohsen.

[229] Vgl. Gruner 1996, S. 9.

[230] DRTAG 1933/34, Bl. 12.

[231] „Die Verringerung erklärt sich entscheidend aus der Beanspruchung des Eigenkapitals seitens der Inhaber über die jährlichen Überschüsse hinaus.", Gutachten Semler, Bl. 30.

[232] Bericht der Deutschen Revisions- und Treuhand AG Berlin über die bei der M. Kempinski & Co. OHG vorgenommene Prüfung des Jahresabschlusses zum 30. Juni 1936, BArch, R 8135, Nr. 1636 (im Folgenden zit. als „DRTAG OHG 1936", Bl. 63/64.

[233] DRTAG 1933/34, Anlage IV.

Unternehmenswert im Vorfeld der Übernahme zu verringern (Tatsächlich kritisierte sie in späteren Gutachten eine zu hohe Bewertung des Inventars und der Außenstände und korrigierte in den Ver-handlungen somit den Kaufpreis nach unten.)[234] Dr. Semler kommt in seinem Gutachten allerdings ebenfalls zu dem Ergebnis, dass die Abschreibungen tatsächlich zu niedrig waren[235]

Zwischen 1924 und 1934 verringerte sich das Gesellschaftskapital um 2,35 Mio. RM. Rechnet man die ungenügenden Abschreibungen mit ein, erhöht sich dieser Wert auf 3,5 Mio. RM. Die Verluste bei den Engagements in Breslau, Schloss Marquardt und bei „Haus Vaterland" verstärkten den Kapitalrückgang noch einmal erheblich. Dies führte, zusammen mit den zu einem hohen Grad fremdfinanzierten Expansionen der Jahre 1928-1933 dazu, dass ein zunehmend hoher Teil der Gewinne für den Zinsdienst aufgewandt werden musste. Dr. Semler schreibt in seinem Gutachten: „Die Erfolgsrechnung und die Liquidität werden in einem ungewöhnlich hohen Ausmaße durch Zinsen belastet."[236] Angesichts von seit 1928 sich stetig verschlechternden Umsatz- und Gewinnzahlen setzte seit dem völligen Ausbleiben eines Betriebsgewinnes ab 1934 eine Dynamik aus Zinsdiensten, Neuverschuldung und wieder erhöhten Zinsdiensten ein, die kaum noch durchbrochen werden konnte. Dies gilt umso mehr, als die neu aufgenommenen Kredite zumeist kurzfristig waren und somit einen hohen Zinsdienst erforderten. Kempinski war in zunehmendem Maße auf Warenkredite der Lieferanten angewiesen. Dr. Semler urteilte: „Abgesehen von der viel zu hohen Inanspruchnahme kurz- und mittelfristigen Kapitals stellt die hohe Inanspruchnahme der Warenkredite einen unhaltbaren Zustand dar, der sich außerdem in der Erfolgsrechnung infolge verschlechterter Zahlungsbedingungen ungünstig auswirken muss."[237] Es ist also möglich, dass Kempinski als jüdisches Unternehmen auf kurzfristige und Warenkredite angewiesen war, da ihm keine langfristigen Kredite mehr gewährt wurden. 1936 war von dem Gesamtschuldbetrag von 2.068.000 RM ein großer Teil durch aufgelaufene Zinsen entstanden.[238] Allein im Jahr 1935 betrugen die Zinsforderungen 533.000 RM.[239]

Semler verwies auch auf die Tatsache, dass die Privatkonten der Gesellschafter ebenfalls größtenteils Soll-Saldi aufwiesen, was wiederum bei der Beurteilung der Liquidität des Unternehmens mit berücksichtigt werden müsse. Er resümiert, dass „... die auf Privatkonten der Inhaber auflaufenden Zinsen und die über die Privat-

---

[234] Sonderprüfung der OHG M. Kempinski & Co. durch die Deutsche Revisions- und Treuhand-AG anlässlich der Übernahme durch die Aschinger's AG, LAB, A Rep. 225-02, Nr. 10 (im Folgenden zitiert als „Sonderprüfung DRTAG 1936), Bl. 32.
[235] Gutachten Semler, Bl. 27.
[236] Ebd., Bl. 60.
[237] Ebd., Bl. 31.
[238] Ebd., Bl. 33.
[239] Ebd., Bl. 60.

konten erfolgenden Entnahmen der Inhaber, ebenso die aktivierten laufenden Neuanschaffungen im ausmachenden Betrage höher als der tatsächliche Betriebsüberschuss sind. Unter gleich bleibenden Verhältnissen muss also die Anspannung automatisch immer stärker werden."[240]

Vor der Übernahme Kempinskis 1937 war das Unternehmen ausschließlich fremdfinanziert. Die Hypotheken, Darlehen und Bankschulden beliefen sich insgesamt auf 9.111.000 RM, davon 5.861.000 RM in kurzfristigen Krediten.[241] Semler betonte jedoch auch, dass „...sich das übermäßige Anwachsen des Fremdkapitals nicht aus mangelnder Wirtschaftlichkeit der Betriebe ergeben hat."[242] Vielmehr seien, abgesehen von den Verlusten in Breslau und bei der „Haus Vaterland GmbH", vor allem die oben beschriebenen Vorgänge (Hypothekenaufwertungen, Privatentnahmen, geringe Abschreibungen) für die angespannte Kapitallage verantwortlich. „Es wäre fasch, die Ursachen der Anspannung etwa nur auf den Geschäftsgang der letzten Jahre zurückzuführen."[243]

Kempinski reagierte auf die angespannte und immer bedrohlicher werdende, finanzielle Situation mit Sparmaßnahmen. Diese erstreckten sich auf Einschränkungen und Stilllegungen von verschiedenen Nebenbetrieben, auf Personalabbau, Material-, Miet- und Zinseinsparungen.[244] Schon 1934 wurde ein Teil des Gebäudekomplexes in der Leipziger Straße veräußert. Der Erlös von 100.000 RM Erlös betrug allerdings nur die Hälfte des Kaufpreises von 1912.[245] Vornehmlich jedoch versuchte Kempinski auf die angespannte Situation mit Verkleinerung oder Schließung interner Lieferbetriebe, die bei den gesunkenen Umsatzzahlen nicht mehr rentabel arbeiten konnten, zu reagieren. Die hauseigene Druckerei Gebr. Hartkopf wurde zu Ende des Jahres 1935 geschlossen.[246] Darüber hinaus wurde die interne Malerwerkstatt geschlossen, Tischlerei sowie Konditorei wurden erheblich verkleinert.[247] Das Unternehmen war gezwungen, seine Weinbestände in einer Weise zusammenschrumpfen lassen, die das laufende Geschäft stark beeinträchtigte. Auch die eigene Kelterung der Kempinski-Weine wurde aufgegeben.[248] Die Neue Institutionenökonomie hat mit ihrer Theorie der Transaktionskosten des Marktes gezeigt, dass sich die Schließung interner Nebenbetriebe äußerst negativ

---

[240] Ebd., Bl. 30.
[241] Bericht der Deutschen Revisions- und Treuhand AG über die bei der M. Kempinski & Co. OHG vorgenommene Prüfung des Abschlusses zum 30. Juni 1937, LAB, A Rep. 225-02, Nr. 32, Bl. 12.
[242] Gutachten Semler, Bl. 61.
[243] Ebd., Bl. 67.
[244] Ebd., Bl. 69.
[245] DRTAG OHG 1936, Bl. 2f.
[246] Ebd., Bl. 71.
[247] Ebd., Bl. 82.
[248] Schreiben der M. Kempinski & Co. Weinhaus und Handelsgesellschaft mbH an die ERKA vom 28. März 1938, LAB, A Rep. 225-02, Nr. 219.

auf die Rentabilität eines Unternehmens auswirken kann. Zulieferprodukte oder Dienstleistungen müssen zu einem erheblich höheren Preis auf dem freien Markt eingekauft werden. Die Suche nach neuen Zulieferbetrieben, Vertragsabschlüsse mit diesen erhöhen die Transaktionskosten. Hinzu kommt die Unzuverlässigkeit externer Belieferungen.[249] Auch die DRTAG urteilte, dass die Schließung von Nebenbetrieben bei Kempinski zwar aus Liquiditätsgründen unvermeidbar, jedoch für die weitere Rentabilität des Unternehmens negativ zu bewerten sei.[250] Auch bei den Personalkosten wurde eingespart. Erstmals mussten bei Kempinski Mitarbeiter entlassen werden, was während der gesamten Wirtschaftskrise nicht geschehen war. Die Zahl sank von 1505 Mitarbeitern 1933/34 auf 1303 Beschäftigte 1936.[251] Jedoch waren Personaleinsparungen in den Verwaltungsstellen des Unternehmens Grenzen gesetzt, da Devisenbewirtschaftung, Kontingentierung der Lebensmittel, die Verwaltung der Grundstücke sowie das komplizierte Steuersystem einen hohen Verwaltungsaufwand erforderten.[252]

Die unternommenen Sparanstrengungen waren das, was für die Geschäftsleitung im Rahmen des Möglichen lag. Zu diesem Ergebnis kam auch die Deutsche Revisions- und Treuhand AG in ihrem Gutachten von 1936. Es wurde konstatiert, dass „...mit weiteren Ersparnissen bei der Kempinski & Co. OHG nicht gerechnet werden kann."[253] Wie die oben genannten immensen Schuldbeträge zum Geschäftsjahr 1936/37 zeigen, reichten die Sparmaßnahmen allerdings nicht aus. Sie verbesserten das Betriebsergebnis zwar leicht, konnten jedoch die Spirale von Schulden- und Zinsdienst bzw. Neuverschuldung nicht durchbrechen. Das Sparpotenzial war ausgeschöpft. Die OHG Kempinski müsse, „...wenn sie den Betrieb weiterführen würde, unter der Voraussetzung gleichen Umsatzes und Bruttogewinnes wie in 1935/36 auch weiterhin mit einem nicht unerheblichen Verlustergebnis rechnen."[254]Kempinski stand damit im Jahr 1936 am Rande der Zahlungsunfähigkeit.

---

[249] Richter / Furubotn 1999, S. 314ff.
[250] Schreiben der M. Kempinski & Co. Weinhaus und Handelsgesellschaft mbH an die ERKA vom 28. März 1938, LAB, A Rep. 225-02, Nr. 219.
[251] DRTAG 1933/34, Bl. 8ff; sowie Gutachten Semler, Bl. 68f. Alle Zahlen ohne Haus Vaterland.
[252] Gutachten Semler, Bl. 69.
[253] Sonderprüfung DRTAG 1936, Bl. 9
[254] Ebd.

2.2.4 Die Betriebsübernahme 1936/37

2.2.4.1 Im Vorfeld der Verhandlungen

Wann genau die Inhaber Kempinskis den Entschluss gefasst haben, die Kempinski-Betriebe aufzugeben, kann nicht endgültig geklärt werden. Ebenfalls unklar bleiben die Hintergründe dieser Entscheidung: Geschah es auf aktives Betreiben der Inhaber, möglicherweise in Vorbereitung ihrer Emigration? Oder wurde von staatlicher Seite Druck auf die Inhaber ausgeübt, und die spätere Emigration war nur die daraus folgende Konsequenz? Eine endgültige Klärung dieser Fragen kann auf Basis der vorliegenden Quellen nicht geleistet werden. Im Restitutionsverfahren 1947 schrieb Rechtsanwalt Dr. Karl von Lewinski, Bevollmächtigter der jüdischen Inhaber und schon bei den „Arisierungs"-Verhandlungen 1937 für Kempinski tätig, in einer Stellungnahme: „Niemals darf bei der Beurteilung [...] vergessen werden, dass die Übertragung der Kempinski-Unternehmungen im Jahre 1937 [...] unter dem Drucke der sonst unabwendbaren Zwangsentjudung vor sich gegangen ist. Dieser Druck war nicht nur latent; er wurde vielmehr höchst aktuell durch die der alten Firma M. Kempinski & Co. o.H.G. von der Berliner Gauleitung der NSDAP erteilte Auflage, die Arisierung bis Ende April 1937 durchzuführen."[255] Gleichwohl sind Dokumente der entsprechenden Stellen, die ein derartiges Einschreiten aus erster Hand belegen könnten, nicht überliefert. Im Rückerstattungsverfahren lag es sicherlich im Interesse der Klägerseite, möglichst deutlich zu machen, dass die Übernahme durch Aschinger 1937 nicht wirtschaftliche Gründe hatte, sondern politisch erzwungen worden war.

Ein kritischer Zugang zu den Restitutionsakten als historische Quelle sollte jedoch keineswegs zu dem Rückschluss führen, die Behörden oder Parteistellen seien im Fall Kempinski nicht aktiv beteiligt gewesen. Das Beispiel der Berliner Engelhardt-Brauerei zeigt, wie schon 1933 jüdische Unternehmer in Berlin mittels zeitweiliger Haft, Strafverfahren, Erpressung und Schikanen der Gestapo unter Druck gesetzt und zum Verkauf genötigt wurden.[256] Darüber hinaus ist es ohne Zweifel, das ein derart prominentes Unternehmen wie Kempinski, einer der führenden Gastronomiebetriebe der Hauptstadt, ungleich stärker im Rampenlicht der Öffentlichkeit stand als andere jüdische Betriebe Berlins. Eine „Arisierung" könnte deshalb durchaus politisch erwünscht gewesen sein. Allgemeine Untersuchungen über die Rolle der Berliner Gauverwaltung bei der Vernichtung jüdischer

---

[255] Stellungnahme Dr. Karl von Lewinsky im Restitutionsverfahren, in: LAB B Rep. 025: Akten der Wiedergutmachungsämter Berlin.

[256] Zur Engelhardt-Brauerei vgl. Johannes Ludwig, Boykott, Enteignung, Mord, München 1992, S. 15ff.

Gewerbetätigkeit stehen indes noch aus. Die Frage, ob die „Arisierung" Kempinskis von Staats- oder Parteistellen aktiv befördert wurde, muss also offen bleiben.
Gleichwohl kann mit Sicherheit gesagt werden, dass ein Einschreiten staatlicher
Stellen nicht nötig gewesen wäre. Kempinski stand aufgrund des oben beschriebenen gesellschaftlichen Prozesses der „Arisierung" am Rande der Zahlungsunfähigkeit. Allein aus Liquiditätsgründen war das Unternehmen gezwungen, sich mit
der Möglichkeit eines Verkaufs auseinander zu setzen.

Aschinger zufolge trat im September 1936 ein Vermittler an das Unternehmen
heran, um zu erfahren, ob hier ein Kaufinteresse bestünde.[257] Ob dieser Vermittler
im Auftrag Kempinskis handelte oder, wie im Fall Bardinet, die Banken eigenmächtig nach Kaufinteressenten für Kempinski suchten, bleibt unklar. Auch hier-
bei handelt es sich um eine Aussage im Rahmen des Restitutionsverfahrens, in
dem die Aschinger AG ihrerseits ein Interesse daran hatte darzulegen, die Kem-
pinski-Inhaber hätten aktiv nach einem Käufer gesucht, sich freiwillig zur Aufgabe der Betriebe entschieden. Nachdem Aschinger Interesse signalisiert habe, seien
die Inhaber der Kempinski & Co. an den Rechtsanwalt und stellvertretenden Aufsichtsratsvorsitzenden der Aschinger AG, Dr. H. Koch, herangetreten, in dessen
Kanzlei dann das erste Treffen zwischen beiden Parteien statt gefunden habe.[258]

Schon früh, im Oktober 1936, stand fest, dass Aschinger keine vollständige Übernahme des Kempinski-Unternehmens anstrebte. Vielmehr sollte eine neue Betriebsgesellschaft gegründet werden, welche die Kempinski-Betriebe pachten sollte.[259] Offenbar erlaubte es die angespannte finanzielle Situation bei der Aschinger
AG nicht, auch die wertvollen Kempinski-Immobilien und die hohen Schulden
des Unternehmens vollständig zu übernehmen. Die Aschinger AG war in Folge
der Wirtschaftskrise selbst in Liquiditätsprobleme geraten und stand 1931 am
Rande des Zusammenbruchs. Erst der Machtantritt der Nationalsozialisten brachte
eine Wende. Fritz Aschinger bot 1933 zahlreiche Posten im Unternehmen Partei-
mitgliedern an. Aschinger wurde zum Hauptlieferanten von Partei und Regierung.
Die Übernahme der Kempinski-Betriebe bedeutete für Aschinger die endgültige
„Konsolidierung durch ,Arisierung'".[260] Kempinski sollte also zur Sanierung des
angeschlagenen Konzerns beitragen. Finanzdirektor Paul Spethmann notierte im
August 1941: „Als wir im Jahre 1937 die Betriebe der offenen Handelsgesellschaft M. Kempinski & Co. übernahmen, mussten wir aus Liquiditätsgründen auf

---

[257] Schreiben der Aschinger AG an Rechtsanwalt Hans Christian Taeger vom 25. September
1946, LAB, A Rep. 225, Nr. 546.
[258] Ebd.
[259] Sonderprüfung DRTAG 1936, Bl. 1.
[260] Auf diese Formel brachte den Vorgang Michael Klein im Findbuch zum Aktenbestand der
Aschinger AG, vgl. Klein 2005, S. X. Zur Krise der Aschinger AG vgl. Glaser 2004, S. 112ff.

den an sich nahe liegenden Erwerb der Grundstücke dieser Firma verzichten."[261] Und auch zwei Jahre später, als die Banken auf die Übernahme des Häuserkomplexes Friedrichstraße drängten, bekundete Aschinger durchaus Interesse, wand jedoch ein, man habe derzeit keine „Arisierungsmittel".[262]

Durch die Pachtkonstruktion konnte ein Großteil der Schulden bei der alten OHG verbleiben und durch Pachtzahlungen langfristig abgebaut werden. Der Bedarf an liquiden Mitteln zum direkten Zeitpunkt der Übernahme war für die Aschinger AG auf diese Weise relativ gering. Andererseits fand bei einer Verpachtung der Betriebe keine vollständige „Arisierung" des Unternehmen Kempinski statt. Die Rest-OHG verblieb nach wie vor in jüdischer Hand. Aus der Untersuchung von Gerhard Kratzsch über den Gauwirtschaftsapparat im Gau Westfalen Süd ist bekannt, dass dortige staatliche Stellen sich ausdrücklich gegen Pachtkonstruktionen bei „Arisierungen" aussprachen.[263] Eine derartige Regelung kann also kaum den politischen Wünschen entsprochen haben. Gänzlich unüblich indes waren sie auch nicht. Die jüdische Privatbank Jaquiers & Securius wurde Anfang 1938 ebenfalls durch einen Pachtvertrag „arisiert".[264] Auch hier hatte der „Ariseur" offenbar nicht genügend Kapital für eine vollständige Übernahme. Im Falle des Variete-Theaters „Scala" wurde die Variante einer Betriebspacht diskutiert, scheiterte hier jedoch am Einspruch staatlicher Stellen.[265] Eine Pachtkonstruktion kam in jedem Fall den jüdischen Eigentümern entgegen. Sie konnten die Strategie verfolgen, während der Regierungszeit der Nationalsozialisten ihre Betriebe zu verpachten, um sie nach einem möglichst baldigen Ende der nationalsozialistischen Herrschaft wieder in eigener Regie übernehmen zu können.

Es schließt sich die Frage an, warum Aschinger die Betriebe nicht direkt pachten, sondern eine eigene Betriebsgesellschaft gründen wollte. Auch die DRTAG stellte fest, dass, „…falls nicht juristische oder steuerrechtliche Gründe für eine selbstständige Gesellschaft sprechen, unseres Erachtens wirtschaftlich kein Anlass besteht, die Kempinski-Betriebe im Rahmen der Aschinger AG als eigene Rechtspersönlichkeit zu führen."[266] Steuerrechtliche Gründe für eine Betriebsgesellschaft sind unwahrscheinlich. 1938 sah sich Aschinger gezwungen beim Finanzamt Ber-

---

[261] Anlage zum Brief Paul Spethmanns an die Deutsche Bank vom 5. 9. 1941, BArch, R 8119 F /5.241, Bl. 122.
[262] Notiz Spethmanns über eine Besprechung mit ERKA-Vertretern am 24. Oktober 1939, LAB, A Rep. 225, Nr. 219.
[263] „Pachtverträge wurden schon 1936 mit Unwillen vermerkt, aber doch hingenommen. Später wurden unter Hinweis auf die Verordnung des Beauftragten für den Vierjahresplan vom 26. April 1938, auf den Runderlass des Reichswirtschaftsministers vom 5. Juli 1938 und auf die Anordnung des Regierungspräsidenten vom 18. August 1938 Pachtverträge grundsätzlich abgelehnt.", Kratzsch 1989, S. 252.
[264] Kahmann 2002, S. 126ff.
[265] Schnauber 2002, S. 80.
[266] Sonderprüfung DRTAG 1936, Bl. 19.

lin zu intervenieren, da letzteres die Kempinski GmbH als eigenständigen Betrieb für die Gewerbesteuer voll heranziehen wollte. Die Anwälte Aschingers mussten aufwendig darlegen, das die Kempinski GmbH vollständig von der Aschinger AG abhängig sei und somit eine Organgesellschaft des Aschinger-Konzerns sei.[267] Ein wahrscheinlicherer Grund für die Gründung einer Betriebsgesellschaft ist, dass diese durch die Rechtsform einer GmbH eine Absicherung für Aschinger bot, falls sich die erhoffte Rentabilität der Kempinski-Betriebe nach der Übernahme nicht einstellen sollte. Die rechtlich unabhängige GmbH hätte Konkurs anmelden können, ohne dass das Kapital des Aschinger Konzerns zur Deckung offener Forderungen herangezogen worden wäre. Diese These stützt auch die Notiz eines Gesprächs zwischen Paul Spethmann und Vertretern der Deutschen Bank vom Juli 1941, in dem die Möglichkeit eines Organvertrages zwischen Aschinger und Kempinski erörtert wurde. Hier heißt es, Aschinger habe davon bislang abgesehen, „…weil Aschinger für etwaige Verluste bei Kempinski nicht einstehen wollte."[268]

2.2.4.2 Die Übernahmeverhandlungen

Am 28. Oktober 1936 beauftragte Kempinski die Deutsche Revisions- und Treuhand AG, „…in Hinblick auf die zwischen Kempinski & Co. o.H.G. und Aschinger's A.G schwebenden Verhandlungen wegen der Übernahme der Kempinski-Betriebe durch eine von Aschinger's AG zu gründende Gesellschaft eine Sonderprüfung durchzuführen."[269] Die DRTAG sollte prüfen, wie sich eine Verpachtung der Kempinski-Betriebe finanziell gestalten könnte. Es wurde geschätzt, wie die Bilanz der neu zu gründenden Betriebsgesellschaft aussehen könnte, und wie rentabel die verbleibende Kempinski OHG sein würde.

Das Ergebnis der Sonderprüfung der DRTAG wurde Aschinger am 9. Dezember 1936 mitgeteilt. Dem Bericht zufolge konnte durch die bessere Kapazitätsausnutzung bei einer Übernahme durch Aschinger mit einer wesentlichen Änderung des Rentabilitätsbildes zu rechnen sein. Eine Übernahme der Kempinski-Betriebe wurde als ausgesprochen positiv bewertet und empfohlen.[270] Zwei Tage später, am 11. Dezember 1936, fand eine Besprechung zwischen Aschinger, Vertretern der Reichskreditgesellschaft, des Bankhauses Hardy & Co. GmbH sowie der Deutschen Revisions- und Treuhand AG statt. Hier wurde erneut diskutiert, ob Aschinger die Betriebe direkt pachten oder eine Betriebsgesellschaft gründen sol-

---

[267] Kempinski & Co. Weinhaus und Handelsgesellschaft m.b.H. an das Zentralfinanzamt, Gewerbesteuerstelle vom 30. März 1938, A Rep. 225-02, Nr. 70.
[268] Notiz eines Gesprächs zwischen Paul Spethmann und Vertretern der Deutschen Bank vom 14. Juli 1941, BArch, R 8119 F / 5.241, Bl. 122.
[269] Sonderprüfung DRTAG 1936, Bl. 1.
[270] Ebd., Bl. 2.

le. Die ERKA plädierte für die Gründung einer neuen Betriebsgesellschaft, was letztlich auch realisiert wurde.[271] Einen Tag später, am 12. Dezember wurde der Bericht der DRTAG über Kempinski den Aufsichtsratsmitgliedern von Aschinger zugesandt.[272] Die nun offiziell aufgenommenen Verhandlungen wurden auf Seiten Aschingers von Fritz Aschinger und Finanzdirektor Paul Spethmann geführt. Für Kempinski verhandelten vornehmlich der Seniorchef des Unternehmens, Richard Unger, sowie Dr. Walter Unger. Unterstützt wurden sie dabei von den prominenten Rechtsanwälten Hugo James Graf von Moltke sowie Dr. Karl von Lewinski. Moltke war Mitbegründer des so genannten „Kreisauer Kreises", einer der führenden oppositionellen Gruppen im nationalsozialistischen Deutschland. Am 19. Januar 1944 wurde er verhaftet und am 23. Januar 1945 in Berlin-Plötzensee hingerichtet. Dr. Karl von Lewinski war 1922 bis 1931 deutscher Staatsvertreter bei der deutsch-amerikanischen Kommission in Washington und von 1935-1931 Generalkonsul in New York. Moltke und Lewinski führten in Berlin von August 1935 bis März 1938 gemeinsam eine Kanz-lei für Völkerrecht und internationales Privatrecht.[273] Eine zentrale Rolle in den Verhandlungen spielte darüber hinaus die Reichskreditgesellschaft, die das Konsortium der Gläubigerbanken, bestehend aus ERKA, Hardy & Co. sowie dem Bankhaus Sal. Oppenheim jr. & Cie., anführte.[274] Mittelbar waren außerdem Versicherungsgesellschaften und ausländische Gläubigerbanken involviert, was die Verhandlungen verkomplizierte.[275]

Neben Aschinger könnte es noch andere Interessenten für eine Übernahme gegeben haben. Von Lewinski schrieb am 17. Februar 1937 an die Aschinger AG, dass „…die Angriffe interessierter Konkurrenzstellen, die bisher immer erfolgreich abgewehrt worden sind, nicht aufhören werden."[276] Jedoch dürfte von Lewinski als Anwalt Kempinskis schon aus taktischen Gründen Aschinger gegenüber die Existenz von Mitbewerbern betont haben, um ein besseres Angebot zu erreichen. Dies hätte die Verhandlungsposition Kempinskis zumindest teilweise gestärkt. Konkrete Namen werden in den Akten jedenfalls nicht genannt. Warum etwaige andere Bewerber mit ihren Bemühungen gescheitert sein sollen, bleibt ebenfalls unklar. Möglich wäre, dass die Unterstützung der Aschinger AG als ein der natio-

---

[271] Notiz über eine Besprechung bei der Reichskreditgesellschaft am Freitag, dem 11. Dezember 1936, LAB, A Rep. 225, Nr. 219

[272] Schreiben der Aschinger AG an Aufsichtsratsmitglied Alfred Busch vom 12. Dezember 1936, LAB, A Rep. 225, Nr. 378.

[273] Vgl. Günter Brakelmann, Der Kreisauer Kreis. Chronologie, Kurzbiographien und texte aus dem Widerstand (Schriftenreihe der Forschungsgemeinschaft 20. Juli 1944 e.V., Bd. 3), Münster 2003., S. 46; „Lewinski, Karl von", in: Deutsche Biographische Enzyklopädie, Bd. 6, S. 365.

[274] Sonderprüfung DRTAG 1936, Bl. 23.

[275] Schreiben der ERKA an Rechtsanwalt von Lewinski vom 19. Februar 1937, LAB, A Rep. 225, Nr. 219.

[276] Entwurf eines Schreibens Dr. von Lewinskis an die Banken vom 17. Februar 1937, ebd.

nalsozialistischen Partei nahe stehender Betrieb durch Staats- und Parteistellen entscheidend war.[277] Im Februar 1936 hatte Aschinger bereits die Zustimmung des Gausozialwalters und des Gauwirtschaftsberaters zur Übernahme erworben - trotz grundsätzlicher Bedenken, wie aus den Akten hervorgeht. Der Treuhänder der Arbeit erklärte, er werde sich „...den aus dem Zusammenschluss folgenden wirtschaftlichen Notwendigkeiten nicht verschließen."[278] Damit war von politischer Seite der Weg frei gemacht für eine Übernahme Kempinskis durch die Aschinger AG sowie ebenfalls für von Aschinger offenbar geplante Personaleinsparungen bei Kempinski.

Aschinger drängte nun auf eine schnelle Übernahme. Der Vorstand sei der Meinung, „...dass nach Lage der Dinge die Angelegenheit keinen Aufschub mehr dulde und bei längerem Verzug das Scheitern des gesamten Geschäfts zu besorgen sei."[279] Dies, so Rechtsanwalt von Lewinski, sei auch die Meinung der Inhaber Kempinskis. Er teilte der Reichskreditgesellschaft mit, „...dass sie, zur Arisierung entschlossen, keinen Aufschub oder keine Gefährdung der Durchführung dieses Entschlusses verantworten wollen."[280] Dies sprächen sie aus, „...obwohl, wie häufig erwähnt, die Abwicklung keineswegs den von den Inhabern gehegten Erwartungen entspricht, und der o.H.G. nur eine bescheidene Möglichkeit übrig bleibt, ohne jegliche Aussicht auf zukünftige Entwicklung."[281]

Kempinski scheint also ebenfalls auf einen schnellen Vertragsabschluss gedrängt zu haben, was mit der geplanten Emigration zusammen gegangen haben könnte. Einer der Inhaber, Hans Kempinski, war schon im Verlauf des Jahres 1936 nach Großbritannien emigriert. Es ist wahrscheinlich, dass die übrigen Inhaber angesichts der sich verschärfenden Situation in Berlin möglichst bald seinem Beispiel folgen wollten.[282] Hinzu kam, dass Kempinski im Verlauf der Verhandlungen der Zahlungsunfähigkeit immer näher rückte. Hugo Marktscheffel, der Prokurist und Leiter des Kassenwesens bemerkte im Frühjahr 1937, „...dass es noch einen Monat dauere und dann die Firma pleite sei."[283] Aschinger musste schließlich Kempinski noch kurz vor der Übernahme einen Überbrückungskredit einräumen, um den laufenden Geschäftsbetrieb aufrecht zu erhalten.[284] Die Gläubigerbanken

---

[277] Sowohl Fritz Aschinger als auch Paul Spethmann waren Mitglieder der NSDAP. Vgl. Glaser 2004, S. 120.
[278] Entwurf eines Schreibens des Rechtsanwalts Dr. von Lewinski an die Banken vom 17. Februar 1937, LAB, A Rep. 225 Nr. 219.
[279] Ebd.
[280] Ebd.
[281] Ebd.
[282] Vgl. Interview mit Elisabeth Kohsen, S. 17; sowie für weitere Informationen über die Emigration der Inhaber S. 68f dieser Arbeit.
[283] Schriftsatz der Aschinger Anwälte Strauch und Hielscher für das Landesarbeitsgericht vom 24.Oktober 1938, LAB, A Rep. 225, Nr. 546.
[284] Ebd.

Kempinskis jedoch waren zögerlich. Sie fürchteten einen Konkurs des verbleibenden Rest-Unternehmens. In einer Notiz über eine Besprechung bei der Reichskredit-Gesellschaft am 11. Januar 1937 heißt es: „Die verbleibende OHG sei völlig unrentabel und man würde den Herren von Kempinski sagen, dass die Sache so nicht ginge."[285] In dem Gespräch ging es darum, wie die Gewinn- und Verlustrechnung der Rest-OHG günstiger gestaltet werden könne. Die ERKA forderte von der Aschinger AG Sicherheiten: die Übernahme des Gebäudekomplexes in der Leipziger Straße sowie eines Teils der Schulden der OHG.

Am 27. Januar fand eine Sitzung des Aufsichtsrats der Aschinger AG statt. Hier wurden Beschlüsse gefasst, die zur Grundlage der weiteren Verhandlungen wurden. Der Übernahmepreis des Inventars, der zunächst von der DRTAG mit 1.500.000 RM angegeben worden war, wurde auf 1.150.000 RM reduziert.[286] Darüber hinaus wurden Bedingungen an die Übernahme eines Teils der Schulden geknüpft, deren genauer Inhalt aus den Akten jedoch nicht hervor geht. Sie müssen jedoch bei der Reichskreditgesellschaft offenbar auf Unwillen gestoßen sein: „Die Bedingungen, die Ihre Gesellschaft an die Übernahme eines Teils der Bankkredite […] geknüpft hat und die wenig erfreulichen Aussichten , die sich den Banken für die Abwicklung für die bei der Firma Kempinski verbleibenden Kredite ergeben, machen es den Banken außerordentlich schwer, einer solchen Lösung zuzustimmen." [287] Die ERKA forderte nun eine Mindestpacht für die gesamten Kempinski-Betriebe, eine Garantie dass der Übernahmepreis des Inventars nicht unter 1.150.000 RM herabgesetzt wird, sowie verbindliche Regelungen bezüglich der Verzinsung und Amortisation der bei der OHG verbleibenden Kredite. [288] Am 2. März 1937 schrieb Aschinger an die Reichskreditgesellschaft: „…dass wir mit Gegenvorschlägen, wie Sie sie jetzt machen, nicht gerechnet haben. Diese nehmen uns jeden Anreiz, der für uns in dem Geschäft liegen könnte und laufen daraus hinaus, dass wir nur für die Abdeckung Ihrer Forderungen an die Firma Kempinski arbeiten würden."[289]

Dennoch stimmte am 28. April 1937 der Aufsichtsrat der Aschinger AG einer Angliederung der Kempinski-Betriebe einstimmig zu. Begründet wurde dies offiziell mit dem angeblichen Gefühl der Pflicht gegenüber allgemeinwirtschaftlichen

[285] Notiz über eine Besprechung bei der Reichskreditgesellschaft am 11. Januar 1937 mit Direktor Dr. Schaeffer und Direktor Berg, LAB, A Rep. 225 Nr. 219.
[286] Schreiben des Vorstands der Aschinger AG an Aufsichtsratsmitglied Hugo Scharnberg vom 27. Januar 1937, LAB, A Rep. 225 Nr. 381.
[287] Brief der Reichskreditgesellschaft an den Vorstand der Aschinger AG vom 24. Februar 1937, LAB, A Rep. 225 Nr. 219.
[288] Ebd.
[289] Brief des Vorstands der Aschinger AG an die Reichskreditgesellschaft vom 2. März 1937, ebd.

und arbeitspolitischen Interessen.[290] In Wirklichkeit war es für Aschinger nach wie vor ein hoch profitables Geschäft. Gegenüber den Aufsichtsratsbeschlüssen vom 27. Januar hatten die Banken indes einige Änderungen erwirken können: Eine Mindestpacht für die Betriebe musste zugestanden werden und es wurde eine Regelung vereinbart, falls das Café Trumpf, bei dem ein Rechtsstreit um die Verlängerung des Pachtverhältnisses schwebte, nicht weiter betrieben werden könne.[291] Die von der ERKA geforderte Übernahme des Gebäudekomplexes Leipziger Straße kam allerdings nicht zustande.

2.2.4.3 Der Übernahmevertrag

Am 29. April 1937 wurde schließlich der Pachtvertrag zwischen der Kempinski & Co. OHG und der Aschinger AG geschlossen. Dieser Vertrag soll im Folgenden ausführlicher dargestellt werden, da er erst im Jahr 2001 bei der Neuordnung des Unternehmensbestands im Berliner Landesarchiv entdeckt wurde und Elfi Pracht für ihre Untersuchung über Kempinski seinerzeit noch nicht zur Verfügung stand. Er gliedert sich in folgende Teile: Mantelvertrag, Treuvertrag, Wettbewerbsvertrag, Betriebsübernahmevertrag, Miet- und Pachtvertrag, Zusatzvertrag für das „Café Trumpf" sowie Nachtragsprotokolle vom 13. Mai 1937 und vom 31. Januar 1939.[292] Aschinger hatte zuvor die sich im Besitz der OHG befindlichen Anteile der „Kempinski Export und Hotel GmbH" erworben, einer Gesellschaft, die von Kempinski zur Sicherung der Namensrechte gegründet worden war und bislang keine Geschäftstätigkeit entfaltet hatte. Dieser GmbH-Mantel wurde umbenannt in die M. Kempinski & Co. Weinhaus und Handelsgesellschaft mbH, das Kapital auf 800.000 RM aufgestockt. Die so entstandene Tochtergesellschaft Aschingers war die Vertragspartnerin und schließlich Pächterin der Kempinski-Betriebe. (Im Folgenden ist mit Kempinski GmbH das Tochterunternehmen Aschingers gemeint. Die OHG oder „Rest-OHG" bezeichnet das alte, jüdische Unternehmen.)

Im *Mantelvertrag* wurde das grundlegende Pachtverhältnis festgelegt. Die OHG verpflichtete sich, die von ihr geführten Geschäftsbetriebe der GmbH zu übertragen. Die GmbH sicherte ihrerseits zu, die Betriebe gemäß den Bestimmungen des Vertrages zu führen. Am 1. Mai, unmittelbar nach Abschluss des Vertrages, übernahm die Kempinski GmbH die Leitung der Betriebe. Zunächst arbeiteten diese noch auf Rechnung der OHG. Als Stichtag der endgültigen Übernahme wurde der

---

[290] Ebd.

[291] Brief des Vorstands der Aschinger AG an die Rechtsanwälte Dr. Kohlen und Tormann vom 29. April 1937, LAB, A Rep. 225, Nr. 372.

[292] Verträge zwischen der OHG M. Kempinski & Co. und der M. Kempinski & Co. GmbH betr. Betriebsübernahme, LAB, A Rep. 225-02 Nr. 78.

30. Juni 1936 festgelegt, das Pachtverhältnis sollte bis zum 31. Dezember 1956, also 20 Jahre, in Kraft bleiben.[293] Die langen Pachtfristen stießen auf Widerstand bei den Banken, doch stimmten sie der 20-jährigen Laufzeit schließlich unwillig zu. „Wir haben Ihnen und auch der OHG wiederholt dargelegt, dass sich die Banken nur sehr schwer zu den Vereinbarungen [...] haben entschließen können, weil der Zeitraum, in dem die Abwicklung erfolgen soll, ungewöhnlich groß ist."[294] Der Betriebsübernahmevertrag regelte, welche Vermögenswerte die GmbH käuflich erwerben sollte, welche Preise der OHG dafür zu vergüten waren sowie welche Passiva und welche Vertragsverhältnisse die GmbH zu übernehmen hatte. Die GmbH trat in alle zum Zeitpunkt der Übernahme bestehenden und die zu übernehmenden Betriebe betreffenden Verträge der OHG ein. Darüber hinaus erwarb die GmbH außer dem Inventar und den Warenvorräten sämtliche auf Warenverkäufe zurückgehende Forderungen gegen Inländer sowie eine Reihe im Vertrag besonders genannter Vermögenswerte. Als Kaufpreis hierfür wurde die Übernahme von Waren- und Bankkrediten sowie sonstigen Verbindlichkeiten in Höhe von insgesamt 3.113.826,90 RM festgelegt. Zusammen mit einer Bareinzahlung von 200.000 RM in das Kapital der neuen GmbH ergibt sich somit eine Summe von 3.313.826,90 RM, die Aschinger für die Übernahme aufbringen musste.[295] Ob bei dieser Summe der Goodwill des Unternehmens berücksichtigt wurde bleibt unklar.[296] Die Aschinger AG legte im Rückerstattungsverfahren dar, man habe bei der Betriebsübernahme die Miet- und Pachtzahlungen getrennt, um auf diesem Wege eine Goodwill-Zahlung zu verschleiern, die zu diesem Zeitpunkt bei jüdischen Betrieben schon verboten gewesen sei.[297] Diese Aussage im Rückerstattungsverfahren muss äußerst vorsichtig bewertet werden. Interessanter ist eine Stellungnahme des Aufsichtsratsmitglieds Hugo Scharnberg (Dresdner Bank) in einem Briefwechsel vom März 1937. Dieser argumentierte hier, ein Goodwill existiere nur, wenn eine Firma rentabel sei, andernfalls müssten die Aktiva unter Wert verkauft werden.[298] Aus betriebswirtschaftlicher Sicht ist diese Haltung unverständlich. Der Goodwill eines Unternehmens besteht auch bei finanziellen

---

[293] Mantelvertrag, ebd.

[294] Schreiben der ERKA an die Kempinski GmbH vom 30. Dezember 1937, LAB, A Rep. 225, Nr. 219.

[295] Betriebsübernahmevertrag, A Rep. 225-02, Nr. 78; Für eine genaue Auflistung der Einzelposten vgl. den Bericht der Deutschen Revisions- und Treuhand AG über die bei der OHG M. Kempinski & Co. vorgenommene Prüfung des Abschlusses zum 30. Juni 1937, Bl. 10.

[296] Bei Goodwill handelt es sich um einen betriebswirtschaftlichen Terminus, der den ideellen Wert eines Unternehmens bezeichnet. Dazu gehören beispielsweise der Ruf des Unternehmens, das Firmen-Know-how, die Qualifikation der Mitarbeiter, das Betriebsklima, der Kunden- und Lieferantenstamm oder auch die betriebliche Organisation.

[297] Schreiben der Aschinger AG an Rechtsanwalt Hans Christian Taeger vom 25. September 1946, LAB, A Rep. 225, Nr. 546.

[298] Brief von Hugo Scharnberg an Herrn Dr. Hein Martin vom 11. März 1937, LAB, A Rep. 225 Nr. 381.

Problemen des Betriebes weiter. Es dürfte sich bei dieser Aussage also um den Versuch einer Begründung zu handeln, warum an Kempinski kein Goodwill gezahlt werden müsse.

Im *Miet- und Pachtvertrag* verpachtete die OHG ihre sämtlichen Betriebe an die GmbH „…zum Zwecke der Weiterführung und Nutzung unter Aufrechterhaltung ihres bisherigen Ranges im Gaststätten-Gewerbe im Rahmen der allgemeinen Wirtschaftslage."[299] Es wurde festgelegt, dass die Produktions- und Hilfsbetriebe der OHG (Bäckerei, Konditorei, Rösterei, Pralinenfabrik, Eisfabrik, Wäscherei, Fuhrpark) geschlossen werden. Die entsprechenden Leistungen sollten nunmehr von den Zentralbetrieben der Aschinger AG durchgeführt werden. Es folgt eine detaillierte Auflistung der an die OHG zu zahlenden Mieten und Pachten. Die Banken konnten die Vereinbarung einer Mindestpacht durchsetzen.[300] Gleichwohl orientierten sich die Pachten an den Jahren mit den niedrigsten Umsätzen, entsprachen also keineswegs dem realen Wert der Betriebe. Dies gab 1943 rückblickend auch der Oberfinanzpräsident Berlin-Brandenburg zu bedenken. Er konstatierte, dass die Pachtraten „…für dieses weltbekannte Unternehmen viel zu niedrig…" gewesen seien.[301]

Der *Wettbewerbsvertrag* ist insofern interessant, als sich hier am deutlichsten zeigt, dass die jüdischen Inhaber zumindest in geringem Umfange die Möglichkeit hatten, das Vertragsverhältnis mit zu gestalten. Es lassen sich Handlungsstrategien erkennen, die auf die geplante Emigration der Inhaber hinweisen. Dies betrifft insbesondere die Regelungen über die Namensrechte. Zwar wurde festgelegt, dass nach Beendigung des Pachtverhältnisses 1956 der Name Kempinski sowie die Warenzeichen der GmbH bzw. Aschinger frei zur Verfügung stehen würden, bis dahin blieben allerdings die Inhaber der OHG berechtigt bei Verletzung des Vertrages die weitere Verwendung des Namens Kempinski zu untersagen.[302] Die GmbH wurde zur Aufrechterhaltung der Betriebe verpflichtet, eine Aufgabe oder Verlegung war nur mit Zustimmung der OHG möglich.[303] Zentral ist Paragraph 4, in dem sich die OHG und ihre Inhaber das Recht vorbehielten, unter der Firma M. Kempinski & Co „…nach dem Ausland, im Ausland und vom Ausland aus Handelsgeschäfte und unter Benutzung des Namens Kempinski im Ausland Gast- und/oder Handelsstätten zu betreiben."[304] Der GmbH war es untersagt, sich in einem dieser genannten Bereiche zu betätigen. Diese Verpflichtung galt über die

---

[299] Miet- und Pachtvertrag, LAB, A Rep. 225-02, Nr. 78, §1.
[300] Ebd., §4.
[301] Der Oberfinanzpräsident Berlin-Brandenburg an den Reichsminister der Finanzen am 5. Juli 1943, LAB, A Rep. 093-03 (Finanzamt Moabit-West, Vermögensverwertungsstelle), Nr. 50202, Bl. 5.
[302] Wettbewerbsvertrag, LAB, A Rep 225-02, Nr. 78, §1.
[303] Ebd. §2.
[304] Ebd. §4.

Dauer des Vertrages, also über das Jahr 1956, hinaus. Die GmbH durfte zwar in Deutschland neue Warenzeichen anmelden, doch die in anderen Staaten und beim Internationalen Büro in Bern eingetragenen Warenzeichen verblieben bei der OHG. Der GmbH war es untersagt, im Ausland Warenzeichen mit dem Namen Kempinski registrieren zu lassen.[305]

Ferner behielten sich die Inhaber das Recht vor, unter der Firma M. Kempinski & Co. den Ein- und Verkauf von Weinen, Sekt, Spirituosen und ähnlichen Getränken sowie von Lebensmitteln, Kaffee, Zigarren und Zigaretten in Deutschland zu betreiben, „...jedoch unter Ausschluss von Groß-Berlin und nur in so geringem Umfange, dass der Jahresumsatz keinesfalls die Höhe von RM 50.000 übersteigt."[306] Die Inhaber hatten also offenbar die Absicht gehabt, unter dem Namen Kempinski eine neue Geschäftstätigkeit im Ausland zu entfalten und verhinderten durch den Vertrag eine mögliche Konkurrenz durch das „arisierte" Unternehmen. Gleichzeitig sollte das Handelsgeschäft in Deutschland in einem rudimentären Rahmen erhalten bleiben.

2.2.5 Die Abwicklung und „Arisierung" der Rest-OHG 1937-1941

2.2.5.1 Emigration der Inhaber und Abwicklung des Restunternehmens

Die Übernahme der Kempinski-Betriebe durch die Aschinger AG steht in einem engen zeitlichen Zusammenhang mit der Emigration der jüdischen Inhaber. Hans Kempinski war bereits 1936 nach Großbritannien emigriert. Der Übernahmevertrag vom 29. April 1937 trägt indes auch seine Unterschrift, er muss demnach für den Vertragsabschluss noch einmal nach Berlin gekommen sein. Hans Kempinski hatte in London ein Restaurant eröffnet, das unter dem Namen seines Sohnes „G. Kempinski" firmierte. Hans Kempinski hatte von Beginn an geplant, in die USA zu emigrieren und zu dort lebenden Verwandten zu ziehen. Als er 1940 diesen Schritt vollzog, wurde sein Sohn Gerhard Kempinski Geschäftsführer des Londoner Restaurants.[307] Dieser Betrieb war wirtschaftlich unabhängig von dem ursprünglichen Berliner Unternehmen, bot jedoch eine Möglichkeit für die Familie, im Ausland eine neue Geschäftstätigkeit zu entfalten.[308] Dr. Friedrich Wolfgang Unger-Kempinski scheint ebenfalls kurz nach Unterzeichnung des Übernahmevertrages ausgewandert zu sein, allerdings nicht nach Großbritannien, sondern direkt

---

[305] Ebd. §6
[306] Ebd. §4
[307] Interview Elisabeth Kohsen.
[308] Vorläufige Erläuterungen der Deutschen Revisions- und Treuhand AG zu den Einzelpositionen der Bilanz der OHG vom 30. Juni 1937, LAB, A Rep. 225-02 Nr. 39, Bl. 20.

in die Vereinigten Staaten.[309] Die zeitliche Nähe zwischen Vertragsabschluss und Ausreise gerade bei F. W. Unger Kempinski lässt den Schluss zu, dass die Übernahmeverhandlungen schon ab einem frühen Zeitpunkt mit dem Ziel der Emigration geführt wurden. Kommerzienrat Richard Unger, der Seniorchef des Unternehmens reiste erst im April 1939, also nach dem Novemberpogrom aus Deutschland aus.[310] In Berlin verblieb nur einer der vier Gesellschafter: Dr. Walter Unger. Laut Prüfungsbericht der DRTAG hatte gleichwohl auch er die Ausreise beabsichtigt.[311] Auch seine Nichte Elisabeth Kohsen bestätigte eine geplante Emigration Dr. Walter Ungers, das Umzugsgut sei schon bei einem Spediteur in Danzig eingelagert gewesen. Sein Verbleiben in Deutschland führte sie zurück auf seine mangelnde Kraft, nach gescheiterter Ehe und verlorenem Betrieb im Ausland noch einmal neu anzufangen.[312]

Die Geschäfte der Rest-OHG wurden im Namen der emigrierten Inhaber von Dr. Walter Unger weiter geführt. Er arbeitete dabei zusammen mit Werner Steinke, der seit 1929 als Prokurist für die Kempinski OHG arbeitete.[313] Steinke war in der Übergangsphase 1937, als die Betriebe schon von der GmbH geleitet wurden, aber noch auf Rechnung der OHG liefen, auch für die GmbH tätig gewesen. Am 29. April, dem Tag des Vertragsabschlusses, wurde Werner Steinke für die GmbH Gesamtprokura erteilt.[314] Elfi Pracht schließt aus diesem Schreiben, dass Steinke von nun an dauerhaft für die GmbH gearbeitet hätte. Dies kann jedoch aus den vorhandenen Quellen nicht geschlossen werden. Laut Gutachten der DRTAG von 1938 hatte die GmbH in diesem Jahr vier Prokuristen.[315] Ein Organigramm der GmbH aus demselben Zeitraum nennt zwar vier Prokuristen, jedoch nicht mehr den Namen Steinkes. Auch in den späteren Verhandlungen über die „Arisierung" der Rest-OHG erscheint Steinke in den Quellen nur noch als Verhandlungsführer der OHG. Er muss also schon bald nach der Übernahme 1937, spätestens 1938 seine Tätigkeit bei der GmbH wieder aufgegeben haben.

---

[309] Interview Elisabeth Kohsen.

[310] Ebd.

[311] „In den Umgründungskosten sind […] rd. 7.000 RM Kosten für die Vorbereitung der Auswanderung des Herrn Dr. Walter Unger enthalten.", Anhang zum Bericht der Deutschen Revisions- und Treuhand AG über die bei der OHG M. Kempinski & Co. vorgenommene Prüfung des Abschlusses zum 30. Juni 1939, BArch, R 8135, Nr. 1638 (im Folgenden zit. als „DRTAG OHG 1939", Bl. 254.

[312] Interview mit Elisabeth Kohsen.

[313] Werner Steinke an den Reichskommissar für die Behandlung feindlichen Vermögens am 5. März 1940, BArch, R 87, Nr. 1685, Bl.6.

[314] Amtsgericht Berlin, Bekanntmachung einer Eintragung in das Handelsregister an den Antragsteller, die M. Kempinski & Co GmbH vom 3. Mai 1937, LAB, A Rep. 225, Nr. 546; vgl. auch das Bestätigungsschreiben des Schreiben des Bankhauses Mendelssohn & Co an die M. Kempinski & Co GmbH vom 12. Mai 1937, ebd.

[315] Prüfungsbericht der Deutsche Revisions- und Treuhand AG zum Jahresabschluss der OHG M. Kempinski & Co. zum 30. Juni 1937, LAB, A Rep. 225-02, Nr. 32 (im Folgenden zit. als „DRTAG GmbH 1937"), Bl. 47.

Die Tätigkeit Steinkes und Ungers beschränkte sich von Beginn an fast gänzlich darauf, die OHG abzuwickeln. Dies geschah durch Verkäufe, Auflösung von Beteiligungen und Umschuldungen. Nur im Export, der vertraglich der Rest-OHG zugesichert worden war, entfaltete die OHG ein geringes geschäftliches Engagement.[316] Aufgrund der nach wie vor hohen Verschuldung gab es jedoch kaum einen Spielraum, um unternehmerisch aktiv zu werden. Die OHG war nach wie vor fast ausschließlich mit Fremdkapital finanziert.[317] Zudem forderte das Bankenkonsortium bereits kurz nach der Übernahme, „…dass die Zahlungen, die nach den Sicherungsübereignungen an die OHG zu erfolgen haben, an die Kempinski-Banken erfolgen sollen."[318] Der Restbetrag sollte der OHG erst „…nach Bezahlung sämtlicher Grundstücklasten sowie der Zinsen auf die Darlehensforderungen der Schweizer Banken zur Verfügung gestellt [werden]."[319] Hierfür war jedoch, das sahen auch die Banken ein, das Einverständnis der Inhaber erforderlich. Walter Unger erhob Einspruch gegen eine derartige Regelung.[320] Ob die Banken sich in diesem Punkt durchsetzen konnten, ist nicht bekannt.

Die Verkäufe und Auflösungen von Beteiligungen der Rest-OHG fanden weit unter Wert statt. Dieser Wertverlust von Beteiligungen in jüdischer Hand muss 1937/38 so massiv gewesen sein, dass auch die DRTAG eine realistische Bewertung der OHG nicht mehr vornehmen konnte. Sie stellte lapidar fest „… dass das Reinvermögen der OHG in Wirklichkeit erheblich niedriger ist, als es bilanzmäßig in Erscheinung tritt. Infolge der besonderen Verhältnisse der OHG, unter denen die Veräußerungen und Liquidationen der Beteiligungsgesellschaften stattfinden, ist uns eine ziffernmäßige Angabe der erforderlichen Gesamtabschreibung nicht möglich."[321]

Einige Beispiele seien im Folgenden genannt.[322] Das ehemalige Erholungsheim des Unternehmens in Rheinsberg wurde an die Landesversicherungsanstalt Berlin für 33.000 RM verkauft, der Buchwert hatte dagegen 51.000 RM betragen.[323] Weiterhin veräußerte die OHG ihre Hausdruckerei Gebr. Hartkopf, die schon Ende 1935 im Zuge der Sparmaßnahmen den Betrieb eingestellt hatte, mit einem

---

[316] Bericht der DRTAG über die bei der OHG M. Kempinski & Co. vorgenommene Prüfung des Abschlusses zum 30. Juni 1937, BArch, R 8135, Nr. 1638 (im Folgenden zit. als „DRTAG OHG 1937"), Bl. 11f.

[317] Ebd., Bl. 11f.

[318] Aktennotiz vom 21. Juni 1937, ebd., Bl. 9.

[319] Vertrauliches Schreiben der ERKA an die Geschäftsleitung der M. Kempinski & Co. Weinhaus und Handelsgesellschaft mbH vom 12. Juni 1937, LAB, A Rep. 225, Nr. 219.

[320] Dr. Walter Unger für die OHG M. Kempinski & Co. an die M. Kempinski & Co. GmbH am 17. Juni 1937, ebd.

[321] Bericht der Deutschen Revisions- und Treuhand AG über die bei der OHG M. Kempinski & Co. vorgenommene Prüfung der Jahresabschlusses zum 30. Juni 1938, BArch, R 8135, Nr. 1638 (im Folgenden zit. als „DRTAG OHG 1938"), Bl. 125.

[322] Eine vollständige Auflistung der Beteiligungen der OHG 1937 im Anhang dieser Arbeit, S. 95.

[323] DRTAG OHG 1938, Bl. 113f.

Verlust von 150.000 RM.[324] Das Inventar der Breslauer Filiale und der Geschäftswagen wurden 1939 auf die Bardinet AG übertragen, für die sich nach langer Suche und massiv reduziertem Kaufpreis ein Käufer gefunden hatte. Mit einem Buchverlust von 5.800 RM ging die Bardinet AG auf die Berliner Kindl Brauerei über.[325]

In zwei Fällen ist belegt, dass Käufer zur Zahlung einer „Arisierungsabgabe" verpflichtet wurden. Diese Abgabe konnte seit der Einsatzverordnung vom 3. Dezember 1938 erhoben werden, wenn der Kaufpreis eines Objektes unter dem Einheitswert lag.[326] Auf diesem Weg sollten „Arisierungsgewinne" durch den Staat abgeschöpft werden. Dies traf für den Verkauf sowohl eines Grundstücks der OHG in Laubenheim an die GmbH als auch der „'Adriane' Fabrikation chemischer und kosmetischer Artikel GmbH" zu. Hier betrug die „Arisierungsabgabe" 3.500 RM.[327] Die Tatsache, dass in diesen beiden Fällen „Arisierungsabgaben" gezahlt werden mussten, macht deutlich, dass es sich ganz offensichtlich um Verkäufe unter Wert handelte.

Die in den Beispielen dokumentierten Fälle von Verkäufen und Auflösungen sind symptomatisch für die angesichts der sich verschärfenden politischen Situation zunehmend aussichtsloser werdende Lage der Rest-OHG. Die Deutsche Revisions- und Treuhand AG prognostizierte 1938, dass bei weiteren Auflösungen mit ähnlich schlechten Ergebnissen zu rechnen sei. Die OHG würde nach Abschluss dieses Prozesses „...nur noch eine reine Verwaltungsgesellschaft sein und daneben in geringem Umfang Export betreiben."[328] Die DRTAG resümierte im Folgejahr die fortschreitende Abwicklung: „Wie im Vorjahr waren auch in 1938/39 die Bemühungen der Geschäftsführung darauf gerichtet, durch Abstoßung der bei der OHG noch befindlichen Vermögenswerte und Arisierung der nicht aufzulösenden Beteiligungen eine weitere Klärung und Konsolidierung der finanziellen Verhältnisse der OHG zu erreichen."[329] Erst spät, im März 1940 wurden die Anteile an der Bank für Grundbesitz und Handel bzw. ihrer Rechtsnachfolgerin, der Grundstücksaktiengesellschaft am Potsdamer Platz veräußert.[330] Damit war die OHG nur noch im Besitz der Friedrichshaus GmbH respektive dem

---

[324] Ebd., Bl. 115f.

[325] DRTAG OHG 1939, Bl. 198f.

[326] Verordnung über den Einsatz jüdischen Vermögens vom 3. Dezember 1938, RGBL I, 1938, S. 1709-1712. Mi Erlass vom Juni 1940 konnte die Abgabe auch rückwirkend auf alle Verkäufe seit dem 31.1.1933 erhoben werden; Verordnung über die Nachprüfung von Entjudungsgeschäften vom 10.6.1940, Rgbl. I, 1940, S.891.

[327] Anhang zum Bericht der DRTAG über die bei der GmbH vorgenommene Prüfung des Jahresabschlusses zum 31. Dezember 1940; LAB, A Rep. 225-02, Nr. 112, Bl. 2; sowie DRTAG OHG 1939, Bl. 271.

[328] DRTAG OHG 1938, Bl. 116.

[329] DRTAG OHG 1939, Bl. 197.

[330] Vertrauliches Schreiben der Deutschen Bank an M. Kempinski & Co. OHG am 14. März 1940, LAB, A Rep. 225-02, Nr. 18.

Stammhaus in der Leipziger Straße und dem Gebäude Kurfürstendamm/Fasanenstraße sowie den Anteilen an der N.V. Wijnhandel M. Kempinski & Co. in Amsterdam. Da die beschriebenen Verkäufe, besonders nach dem Novemberpogrom 1938 kaum Erlöse brachten, war das Unternehmen 1940 nach wie vor hoch verschuldet, das gesamte Vermögen Banken und Hypothekeninstituten überschrieben.[331]

2.2.5.2 Das Zusatzprotokoll vom 31. Januar 1939

Die nach dem Novemberpogrom sich verschärfenden Maßnahmen und die Einleitung staatlich forcierter „Zwangsarisierungen" intensivierten den Druck auf die Rest-OHG. Elisabeth Kohsen berichtete im Interview, das Dr. Walter Unger in Folge des Pogroms im Konzentrationslager Sachsenhausen interniert wurde. Charakteristisch für die Internierung jüdischer Gewerbetreibende war, dass sich oftmals die Unternehmer zur Aufgabe ihrer Geschäfte verpflichten mussten als Bedingung für ihre Freilassung. Dies scheint auch bei Dr. Walter Unger der Fall gewesen zu sein. Er wurde frei gelassen, so Elisabeth Kohsen, um an „Arisierungsverhandlungen" teilzunehmen. Diese sollten in der Reichskreditgesellschaft stattfinden.[332] Protokolle dieser Verhandlung sind nicht überliefert, wahrscheinlich ist jedoch, dass zu diesem Zeitpunkt erste Gespräche über eine „Arisierung" der Rest-OHG stattfanden. Als erster Schritt wurde eine Modifizierung des Betriebsübernahmevertrages durchgesetzt, die in einem Zusatzprotokoll vom 31. Januar 1939 dokumentiert ist und die Rechte der jüdischen Inhaber deutlich reduzierte. Das Zusatzprotokoll beendete das noch verbliebene, geringe geschäftliche Engagement der OHG. Im Protokolltext hieß es nun, die OHG beabsichtige „...das bisher von ihr betriebene Exportgeschäft abzugeben, da sie im Zuge der weiteren Vereinfachung ihres Verwaltungsapparates sich als reine Vermögensverwaltung betätigen will." Die Inhaber waren offenbar gezwungen, angesichts der sich verschärfenden Situation in Deutschland das verbliebene Handelsgeschäft gänzlich aufgeben. Das Inlandsgeschäft und das Exportgeschäft wurde nun „...mit allen eingetragenen deutschen und ausländischen Warenzeichen sowie mit dem internationalen Wortzeichen ‚Kempinski'"[333] auf die GmbH übertragen.
Insbesondere aber wurde der Wettbewerbsvertrag modifiziert, jener Vertragsteil, in dem die jüdischen Inhaber im Vertrag von 1937 noch die sämtlichen Vorrechte für etwaige Geschäftsaktivitäten im Ausland für sich hatten erreicht hatten können.

---

[331] Schreiben Werner Steinkes an den Gauobmann der Deutschen Arbeitsfront, Gauverwaltung Mark Brandenburg, Abt. Rechtsberatungsstelle vom 3. Juni 1940; LAB 225-02, Nr. 44.
[332] Interview Elisabeth Kohsen.
[333] Zusatzprotokoll vom 31. Januar 1939, in: Betriebsübernahmevertrag, A Rep. 225-02, Nr. 78.

Diese Rechte wurden nun deutlich eingeschränkt. Den Inhabern, vertreten durch Dr. Walter Unger als dem einzig verbliebenen Verhandlungspartner, gelang es dennoch einige Sonderkonditionen zu erreichen. Es wurden Präzisierungen für bestimmte Länder getroffen, die auf die geschäftlichen Absichten der Inhaber verweisen. Bei Geschäften in und nach den Niederlanden durfte die GmbH nach wie vor nicht die eingetragene Schutzmarke Kempinski verwenden.[334] Bezüglich des Exports nach Großbritannien sollte ein zusätzliches Abkommen getroffen werden, das die Zusammenarbeit der GmbH mit Hans Kempinski bzw. der G. Kempinski (Catering) Ltd., London regeln sollte.[335] Schließlich wurde festgestellt, dass auch nach der Liquidation die OHG über den Firmenmantel „M. Kempinski & Co. Inc.", New York verfügt. Die Inhaber sollten sich jedoch „...dieser Firma für den Export deutscher Weine nur im Einvernehmen mit der GmbH bedienen."[336]

Diese Präzisierungen spiegeln noch einmal die Hoffnungen der emigrierten Inhaber auf zukünftige Geschäftsaktivitäten im Ausland wider und machen deutlich, wo diese ihre zukünftigen Geschäftsfelder sahen: Erstens in den Niederlanden, wo sie mit dem N. V Wijnhandel Kempinski & Co. schon im Besitz eines Betriebes waren. Zweitens in Großbritannien, wo Hans Kempinski ein neues Unternehmen gegründet hatte, das von seinem Sohn weiter geführt wurde, und wo außerdem zwei ungenutzte Gesellschaftsmäntel der OHG, M. Kempinski Ltd. und Kempinski Restaurant Ltd., London existierten. Drittens in den Vereinigten Staaten, wohin inzwischen F.W. Unger-Kempinski emigriert war und offenbar weiterhin den Plan verfolgte, trotz Liquidation der M. Kempinski & Co Inc., New York, eine Geschäftstätigkeit zu entfalten.[337]

2.2.5.3 Die „Arisierung" der Rest-OHG

Das Zusatzprotokoll vom 31. Januar 1939 war nur der erste Schritt zur offenbar nun unausweichlichen „Arisierung" der Rest-OHG. Am 13. Februar 1939 unternahm die Reichskreditgesellschaft in einer Besprechung mit dem Geschäftsführer der GmbH Paul Spethmann erneut einen Vorstoß, das Gebäudekomplex in der Leipziger Straße solle von Aschinger übernommen werden, wie sie es schon 1937

---

[334] Ebd. §4,3.
[335] Ebd. §4,4.
[336] Ebd., §4,5.
[337] Zu den Londoner Geschäftsmänteln vgl. vorläufige Erläuterungen der Deutschen Revisions- und Treuhand AG zu den Einzelpositionen der Bilanz der OHG vom 30. Juni 1937, LAB, A Rep. 225-02 Nr. 39, Bl. 20.

gefordert hatten.[338] Da die OHG inzwischen abgesehen von der Amsterdamer Filiale und dem Haus in der Fasanenstraße nur noch im Besitz dieser Immobilie war, kommt dieser Vorstoß einer „Arisierung" der Rest OHG recht nahe. In der Gesprächsnotiz heißt es: „Alle Beteiligten seien sich einig, dass der Umstand des nichtarischen Besitzes unhaltbar sei."[339] Es wurde argumentiert, dass aufgrund der jüdischen Eigentümerschaft rund 54.000 RM jedes Jahr mehr an Steuern aufgewendet werden müssten.

Erst ab Oktober 1939 jedoch wurde die „Arisierung" forciert. Zu diesem Zeitpunkt lässt sich auch die erste explizite Erwähnung einer „Arisierung" belegen. In einer erneuten Besprechung mit der Reichskreditgesellschaft wurde Paul Spethmann von Bankdirektor Berg nach seiner Meinung zur „Arisierung" gefragt.

Dieser erwiderte, Aschinger habe durchaus Interesse, es seien allerdings keine „Mittel für die Arisierungskosten" vorhanden. Ergebnis der Diskussion war, dass „…die organische Lösung dieser Frage die wäre, dass die GmbH die Grundstücke übernimmt. Herr Berg scheint sogar daran zu denken, die Arisierungskosten vorzulegen."[340] Die Reichskreditgesellschaft zeigte sich offenbar bereit, einen „Arisierungskredit" zu bewilligen. Genau einen Monat später, Ende November 1939, fand ein erneutes Treffen zwischen Vertretern der Aschinger AG und der ERKA statt. In der Gesprächsnotiz heißt es: „Man kam zu dem Schluss, dass eine Arisierung aus verschiedenen Gründen dringend wünschenswert und auch eilig sei."[341] Die Banken zeigten sich nun also definitiv bereit, eine „Arisierung" finanziell zu unterstützen. Spethmann notierte: „Die Banken nahmen in Aussicht, sich an den entstehenden Kosten von rd. 250.000 RM (für Leipziger Straße und Fasanenstraße) zu beteiligen. Ich habe aber den Eindruck, dass sie notfalls auch alles vorlegen.[342]

Walter Unger wollte jedoch offenbar nicht an die Aschinger AG verkaufen und suchte nach anderen Interessenten. Fritz Aschinger schrieb rückblickend: „Die OHG M. Kempinski & Co. hat seither verschiedene Versuche gemacht, sich zu arisieren, von denen uns insbesondere diesbezügliche Verhandlungen mit der Berliner Schloßbrauerei bekannt geworden sind."[343] Diese zeigte sich zu Beginn des Jahres 1940 an einer Übernahme der OHG interessiert. Die Aschinger AG scheint, wenn auch unwillig, diese Variante zunächst mit getragen zu haben. Als die

---

[338] [„Bei der Gelegenheit schnitt Herr Berg die Frage des Grundstücks Leipziger Straße erneut an…."], Notiz über eine Besprechung mit Vertretern der ERKA am 13. Februar 1939, LAB, A Rep. 225, Nr. 219. Dies macht deutlich, dass die Frage schon früher Gegenstand von Gesprächen war.

[339] Ebd.

[340] Notiz über eine Besprechung mit der ERKA am 24. Oktober 1939, ebd.

[341] Ebd.

[342] Notiz über eine Besprechung bei der ERKA am 24. November 1939, ebd.

[343] Anlage zum Brief der Aschinger AG an Aufsichtsratsmitglied Herrn Sperber (Deutsche Bank) vom 5. 9. 1941, BArch, R 8119 F / 5.241, Bl. 122.

Schlossbrauerei, um Einblick in die Verhältnisse der Kempinski GmbH zu bekommen, bei der ERKA um Einsicht in den Prüfungsbericht der DRTAG bat, erklärte sich Paul Spethmann einverstanden.[344] Eine schnelle „Arisierung" des Grundbesitzes hatte für Aschinger offenbar Priorität. „Uns wäre die Übernahme der von uns gepachteten Grundstücke durch die genannte Brauerei übrigens nicht gerade bequem gewesen. Andererseits liegt die Arisierung des Grundbesitzes auch in unserem Interesse…"[345]. Die Verhandlungen mit der Schlossbrauerei scheiterten jedoch, da die erforderlichen staatlichen Genehmigungen nicht erteilt wurden.[346] Dr. Walter Unger weigerte sich indes nach wie vor, die OHG an Aschinger zu verkaufen.

Am 15. Januar 1940 trat die Verordnung über die Behandlung feindlichen Vermögens in Kraft. Da ein Großteil der Inhaber sich in Großbritannien, also im „feindlichen Ausland" aufhielt, betraf diese Verordnung auch Kempinski. Am 14. Februar stellte der zuständige Reichskommissar für die Behandlung feindlichen Vermögens auf Anfrage des Justizministeriums fest, dass die Voraussetzungen für eine Verwaltungsanordnung bei Kempinski gegeben seien.[347] Sowohl Rechtsanwalt Moltke als auch Steinke, der schon seit 1938 Betriebsführer der Rest-OHG war, intervenierten beim Reichskommissar – Moltke schriftlich, Steinke mündlich bei einem Gespräch mit dem Reichskommissar am 1. März 1940. Beide argumentierten, dass eine Veräußerung der OHG in naher Zukunft geplant und diesbezüglich Verhandlungen mit einer Brauerei im Gange seien. Die Veräußerung des Unternehmens sei jedoch im Rahmen der Verwaltung nicht zu machen. Werner Steinke müsse also zum Abwesenheitspfleger für die nach Großbritannien emigrierten Inhaber ernannt werden.[348]

Moltke und Steinke hatten Erfolg. Im April 1940 wurde Steinke vom Kammergericht Berlin zum Abwesenheitspfleger für alle emigrierten Inhaber der OHG ernannt.[349] Dies galt zunächst mit Ausnahme F.W. Ungers, ab März 1941 hatte Steinke indes auch dessen Stimmrecht inne. F.W. Unger misstraute offenbar Steinke und protestierte umgehend aus dem amerikanischen Exil und betonte, dass er „…mit keiner Abmachung irgendwelcher Art einverstanden bin, die eine

---

[344] Notiz eines Gesprächs zwischen Paul Spethmann und Vertretern der ERKA vom 9.1.1940 sowie Schreiben der ERKA an GmbH vom 26. Januar, LAB, A Rep. 225, Nr. 219.

[345] Anlage zu einem Brief der Aschinger AG an Aufsichtsratmitglied Herrn Sperber (Deutsche Bank) vom 5. 9. 1941, BArch, R 8119 F / 5.241, Bl. 122.

[346] Rechtsanwalt H.J. Graf v. Moltke an den Reichskommissar für die Behandlung feindlichen Vermögens am 28. 02. 1940, R 87, Nr. 1685, Bl. 4.

[347] Briefwechsel zwischen Justizministerium und dem Reichskommissar für die Behandlung feindlichen Vermögens, vom 13./14. Februar 1940, ebd., Bl. 1f.

[348] Rechtsanwalt H.J. Graf v. Moltke an den Reichskommissar für die Behandlung feindlichen Vermögens am 28. 02. 1940 sowie Werner Steinke an den Reichskommissar für die Behandlung feindlichen Vermögens am 5. 03. 1940, ebd., Bl. 4-7.

[349] DRTAG OHG 1938, Bl. 285.

Änderung der Gesellschafter oder irgendeine Besitzveränderung in der Gesellschaft herbeiführen soll."[350] F.W. Unger spielte hiermit offensichtlich auch auf etwaige „Arisierungs"-Pläne an. Ändern konnte er gleichwohl nichts. Walter Unger war bezüglich der Inhaberrechte nun gegenüber Steinke in einer Minderheitenposition und auf dessen Zustimmung angewiesen. Er scheint ihm indes vertraut zu haben. Unger, Moltke und Steinke strebten nun eine Art „getarnter Arisierung" an. Demnach sollten Werner Steinke und, als Zugeständnis an Aschinger, deren Finanzdirektor Paul Spethmann gemeinsam zu „Trägern des Grundbesitzes" erklärt werden.[351] Einen Verkauf indes schloss Unger aus.

Im August 1941 versuchte Aschinger erneut, die Grundstücke zu erwerben. Doch der Kauf war nach wie vor „…mit Rücksicht auf die von der Firma [die OHG bzw. Unger/Steinke, d.Verf.] vorgesehene Art der Durchführung der Arisierung nicht möglich."[352] Aschinger erklärte sich schließlich zu der von Unger und Steinke vertretenen Lösung bereit, „…in Hinblick auf die Notwendigkeit der Arisierung der Grundstücke sowie den Umstand, dass die Berliner Schlossbrauerei sich immer noch bemüht, die Genehmigung für ihre Mitwirkung in der Angelegenheit zu erwirken."[353] Aschinger verfolgte dabei allerdings eine eigene Strategie: Man plante, auf das Angebot Ungers nur zum Schein einzugehen. „Es ist daher beabsichtigt, Herrn Spethmann (zusammen mit Herrn Prokurist Werner Steinke) als Erwerber auftreten zu lassen, damit beide Herren als Strohmänner für die Aschinger A.G. fungieren und die Durchführung der Arisierung beschleunigt werden kann. Später wird die Aschinger A.G. wahrscheinlich dem Erwerb der Grundstücke wieder näher treten wollen."[354] Notarielle Vereinbarungen mit Spethmann und Steinke sollten absichern, dass diese die Grundstücke Aschinger jederzeit zur Verfügung stellen.

Der Überzeugung Aschingers, das jüdisches Eigentum in einem nationalsozialistischen Deutschland keine Zukunft mehr hatte, stand die Hoffnung Walter Ungers auf Fortbestand des Unternehmens im Rahmen einer Treuhänderschaft entgegen. Aschinger drängte nicht mehr auf eine schnelle Übernahme. Vielmehr ließ er die Zeit für sich arbeiten. Aschinger war gewiss, dass der Zeitpunkt einer Übernahme zwangsläufig kommen würde, je später zu desto besseren Bedingungen. Bei einem Treffen mit Fritz Aschinger am 15. September 1941 stellte Unger noch einmal klar, dass er „…mit Rücksicht auf seine Sozien als auch aus prinzipiellen

---

[350] Amtsgericht Charlottenburg, Handelsregisterakten, 91 HRA 3448 Nz., Bd. 1, Bl. 97, zit. nach Pracht 1994, S. 127.
[351] Anlage (datiert auf August 1941) zum Brief der Aschinger AG an Aufsichtsratsmitglied Herrn Sperber (Deutsche Bank) vom 5. 9. 1941, BArch, R 8119 F / 5.241, Bl. 122.
[352] Ebd.
[353] Ebd.
[354] Aktennotiz der Aschinger AG vom 8. September 1941, ebd., Bl. 127.

Gründen die Grundstücke nicht verkaufen könne und schon gar nicht an die GmbH." Doch Aschinger reagierte gelassen und notierte zynisch: „Ich hatte volles Verständnis dafür, dass Herr Dr. Unger sich für die Zukunft keine Chance verschütten wollte, und stellte daher meine Wünsche prinzipiell auf den Zeitpunkt ab, in dem feststehen würde, dass sich an den jetzigen Zuständen nichts mehr ändern würde."[355] Er forderte lediglich Änderungen des Miet- und Pachtvertrages. Da ein Kauf der Grundstücke nicht möglich sei, wollte Aschinger eine Option auf Verlängerung der Pacht bis 1976, die Herabsetzung der Höchstmiete sowie vor al-lem ein Vorkaufsrecht für die Grundstücke erwirken.[356] Daraufhin fand am 24. Septem-ber eine Besprechung zwischen Dr. Walter Unger, Werner Steinke, Paul Spethmann und Fritz Aschinger statt. Hier machten Unger und Steinke deutlich, dass eine Verlängerung der Pacht zwar möglich, man zur Gewährung eines Vorkaufsrechts indes nicht bereit sei. „Die OHG sieht sich aus grundsätzlichen und rechtlichen Erwägungen nicht in der Lage, der GmbH gegenwärtig ein Vorkaufs-recht […] einzuräumen."[357] Aschinger wiederum drohte mit einer Verlegung der Betriebe.[358] Die offenbar erregte Debatte kam zu keinem Ergebnis. Doch Unger änderte in der Folge seine Strategie und versuchte nun, Paul Spethmann für das Scheitern der Verhandlungen verantwortlich zu machen. „Meine Enttäuschung über den Misserfolg meiner Bemühung geht so weit, dass ich mich frage, ob Herr Spethmann überhaupt an der Umbildung der OHG mitwirken sollte…"[359] Tat-sächlich findet die zuvor favorisierte Lösung einer Treuhänderschaft Steinkes und Spethmanns in den überlieferten Quellen nach dieser Besprechung keine Erwähnung mehr. Als in einer Aufsichtsratssitzung vom 27. November noch einmal die Einschaltung des „Treuhänders für das feindliche Vermögen" in Erwägung gezogen wurde, ließ Paul Spethmann die Aufsichtsratsmitglieder wissen, die Bemühungen um die „Arisierung" der OHG seien in Kürze abgeschlossen. Werner Steinke würde dann an der Spitze des Unternehmens stehen.[360]

Es war nun Steinke allein, der die OHG übernahm. Möglich ist, dass die Aschinger AG in ihm immer noch den „Strohmann" sah. Doch ist es höchst wahrscheinlich, dass Steinke den endgültige Vertrag weniger mit Aschinger, als vielmehr mit Walter Unger abgesprochen hatte. Als Mehrheitseigner der OHG brauchte er allerdings dessen Zustimmung offiziell nicht mehr. Zudem gehörten die beiden Grundstücke zwar seit jeher zum Betriebsvermögen der OHG, grundbuchlich ein-

---

[355] Aktennotiz Fritz Aschingers vom 24. September 1941; ebd., Bl. 137.
[356] Aktennotiz Fritz Aschingers vom 24. September 1941, ebd., Bl. 137.
[357] Von Steinke und Unger gezeichneter Vermerk über eine Besprechung zwischen Unger, Steinke, Spethmann und Aschinger am 24. September 1941, ebd., Bl. 132f; vgl. auch Aktennotiz Fritz Aschingers über das Gespräch vom 24. September 1941, ebd., Bl. 137ff.
[358] Ebd.
[359] Schreiben Walter Ungers an Rechtsanwalt Dr. Koch vom 25. September 1941, ebd., Bl. 131f.
[360] Protokoll der Aufsichtsratssitzung der Aschinger AG am 27. November 1941, ebd., Bl. 14/10.

getragene Eigentümerin war jedoch aus steuerlichen Gründen die Gesellschafterin Frida Sara Unger, die Witwe Richard Ungers. Steinke hatte von ihr eine eigene Vollmacht erhalten, auch sie hat ihm offenbar vertraut.[361] Der Übernahmevorgang gestaltete sich nun wie folgt: „Als Bevollmächtigter oder Abwesenheitspfleger der Inhaber der OHG und der Eigentümerin der Grundstücke hat Steinke in der notariellen Verhandlung vom 14. November 1941 sich selbst das Kaufangebot bezüglich der Vermögenswerte gemacht. Durch notarielle Verhandlung vom 28. November 1941 hat er dieses Angebot angenommen."[362] Steinke und Unger wollten offenbar mit diesem Alleingang die Aschinger AG endgültig an der „Arisierung" der Rest-OHG hindern. Die Banken waren mit dieser Lösung einverstanden, sie stellten Steinke einen Schuldnachlass von zehn Prozent in Aussicht.[363] Von der Vereinbarung eines baren Kaufpreises wurde abgesehen, weil nach der Bilanz vom 31. Dezember eine Überschuldung von 451.152 RM bestanden haben soll. Die Grundstücke waren zudem mit einer Vermächtnishypothek in Höhe von 1.000.000 RM zugunsten der Erben Berthold Kempinskis belastet. Offenbar bestand eine Vereinbarung, dass bei einem Kauf durch Steinke diese Vermächtnishypothek unentgeltlich gelöscht wird. Auf diese Weise sollten die von Steinke übernommenen Schulden ausgeglichen werden.[364] Ein solches Vorgehen konnte jedoch nur im Einverständnis mit den Erben erfolgt sein. Eine Vereinbarung mit den jüdischen Inhabern, also eine „Getarnte Arisierung", ist demnach im Falle der Übereignung der Rest-OHG höchst wahrscheinlich. Der Vertrag selbst ist nicht überliefert, doch fällt auf, dass in einem Schreiben Walter Ungers nach Amsterdam aus dem Jahr 1942 nicht von Verkauf oder Übernahme die Rede ist, sondern von einem „Träger des Vermögens". „Herr Steinke wird der von den Gläubigern ausersehene Träger des Vermögens, also der Rechtsnachfolger der Firma sein. Diese Lösung hat bereits die Genehmigung der zuständigen Pflegschaftsgerichte, der hiesigen Wirtschaftsdienststellen und des Gauwirtschaftsberaters gefunden."[365]

Dieser von Unger geschilderte Sachverhalt traf jedoch nicht zu. Am 25. November 1941, also vier Tage vor Abschluss des Vertrages, war die 11. Verordnung zum Reichsbürgergesetz erlassen worden. Infolge der Verordnung wurden sämtliche emigrierten Inhaber ausgebürgert, ihr Vermögen fiel offiziell an das Deutsche Reich. Die Übernahmeverträge vom 14./28. November 1941 waren somit recht-

---

[361] Werner Steinke an den Reichskommissar für die Behandlung feindlichen Vermögens am 5. März 1940, BArch, R 87, Nr. 1685, Bl. 6.
[362] Schreiben des Oberfinanzpräsidenten Berlin-Brandenburg an den Reichsminister der Finanzen vom 5. Juli 1943, LAB, A Rep. 093-03, Nr. 50202, Bl. 5.
[363] Ebd.
[364] Ebd., Bl. 5 und 8.
[365] Brief Walter Ungers an J. P. Danby, März 1942, Gemeentearchief Amsterdam, P.A. 816/19.

lich ungültig und mussten durch den Oberfinanzpräsidenten Berlin-Brandenburg zumindest nachträglich genehmigt werden. Steinke beantragte diese Genehmigung am 16. März 1942, sie wurde zunächst jedoch nicht erteilt. Steinke hat daraufhin offenbar versucht, „… das Reich vor vollendete Tatsachen…"[366] zu stellen. Er beantragte am 22. April 1943 bei den Amtsgerichten die Umschreibung der Grundstücke, obwohl die Genehmigung noch nicht erteilt worden war. Die Grundbuchrichter beanstandeten indes die Umschreibungsverträge wegen der Vermutung, dass das Vermögen dem Reich verfallen sei.[367]

Dies war nach geltendem Recht tatsächlich der Fall. Die im November 1941 durchgeführte „getarnte Arisierung" war also gefährdet. Steinke und Moltke haben sich in dieser kritischen Situation 1943 nachweislich mehrfach getroffen, offenbar um das weitere Vorgehen abzusprechen.[368] Es existierten in dieser Situation drei Möglichkeiten. Erstens: Das Reich behält die Anteile an der OHG. Zweitens: Das Reich verkauft die Anteile an Steinke. Oder drittens: Das Reich genehmigt die Verträge vom November 1941. Moltke, der Steinke nach wie vor immer noch in der Sache Kempinski vertrat, versuchte, die ersten zwei Varianten zu verhindern. Das Reich solle auf die Übernahme verzichten. Es würde, so seine Argumentation, „…erhebliche Schwierigkeiten mit der Pächterin [die Aschinger AG bzw. die Kempinski GmbH, d. Verf.] wegen der Auslegung des verklausulierten Miet- und Pachtvertrages haben."[369] Allein Steinke kenne genau den wahren Sinn des Vertrages und könne als einziger eine günstige Auslegung gegenüber Aschinger bewirken. Die zweite Variante, einen Kauf der an das Reich verfallenen Anteile durch Steinke, kam für Moltke ebenfalls nicht infrage: „Rechtsanwalt von Moltke betonte, dass die OHG nicht die Anteile der –ausgebürgerten - Juden kaufen wollte, sondern die Genehmigung der umfangreichen und nach langwierigen Verhandlungen usw. zustande gekommenen Verträge vom November 1941 erreichen wollte…"[370] Dies ist ein erneuter Hinweis darauf, dass es sich im Falle der Übertragung der Rest-OHG an Steinke um eine „getarnte Arisierung" gehandelt

---

[366] Schreiben des Oberfinanzpräsidenten Berlin-Brandenburg an den Reichsminister der Finanzen vom 5. Juli 1943, LAB, A Rep. 093-03, Nr. 50202, Bl. 8.
[367] Ebd.
[368] Moltke erwähnt in den Briefen an seine Frau Freya drei Treffen mit Steinke im Jahr 1943. Vgl. Beate Ruhm von Oppen (Hrsg.), Briefe an Freya 1939-1945, München 1995, S. 334, 453, 458.
[369] Schreiben des Oberfinanzpräsidenten Berlin-Brandenburg an den Reichsminister der Finanzen vom 5. Juli 1943, LAB, A Rep. 093-03, Nr. 50202, Bl. 8.
[370] Vermerk der Vermögensverwaltungsstelle des Oberfinanzpräsidenten Berlin-Brandenburg vom 26. Oktober 1943, ebd., Bl. 11.

hat.[371] Moltkes Bemühungen hatten Erfolg. Die Verträge vom November 1941 wurden von der Vermögensverwertungsstelle und der Devisenstelle des Oberfinanzpräsidenten am 3. bzw. 15. Mai 1944 genehmigt.[372] Steinke musste allerdings eine „Arisierungsabgabe" zahlen. Ihr genauer Wert ist nicht bekannt, sie hat jedoch maximal 150.000 RM betragen.[373] Nachzutragen bleibt, dass Dr. Walter Unger in der Zwischenzeit, am 29. Januar 1943 im Rahmen eines „trages" nach Theresienstadt deportiert wurde.[374] Am 16. Oktober 1944 verschleppte man ihn weiter nach Auschwitz. Hier fand er den Tod.[375]

---

[371] Für diese These spricht auch die Tatsache, dass 1942 zwischen der OHG respektive Steinke und der Aschinger ein, nicht näher beschriebener „Streit" entstanden ist. Eine Erklärung hierfür wäre, dass sich zu diesem Zeitpunkt die Hoffnungen Aschingers Hoffnungen auf eine „Strohmannkonzeption" mit Steinke sich endgültig zerschlagen. Vermerk der Vermögensverwaltungsstelle des Oberfinanzpräsidenten Berlin-Brandenburg vom 26. Oktober 1943, ebd., Bl. 11.

[372] Genehmigung des Oberfinanzpräsidenten Berlin-Brandenburg, Vermögensverwertungsstelle, vom 3. Mail 1944; Der Oberfinanzpräsident, Devisenstelle, an Rechtsanwalt Graf von Moltke am 15. Mai 1944; Beides in: BArch, R 87 (Reichskommissar für die Behandlung feindlichen Vermögens), Nr. 722/1.

[373] Vermerk der Vermögenswertungsstelle an den Oberfinanzpräsidenten Berlin-Brandenburg vom 16. November 1943, ebd., Bl. 13.

[374] Diese Verträge sollten den Eindruck erwecken, bei Theresienstadt handele es sich um ein Altersheim. Der „Vertrag" umfasste ein Eintrittsgeld von 2 000 RM und ein Pflegegeld von 250 RM monatlich, wobei nach allgemeiner Lebenserwartung die Vollendung des 85. Lebensjahres zugrunde gelegt wurde. Im Glauben, ihren Lebensabend damit gesichert zu haben, übereigneten nicht wenige den Rest ihres beweglichen Vermögens auf das entsprechende Sonderkonto der „Reichsvereinigung der Juden", die jedoch unter Aufsicht der Gestapo stand und im Juni 1943 aufgelöst wurde. Vgl. Miroslav Kárný (Hrsg.), Theresienstädter Gedenkbuch, Prag 2000, S. 23ff.

[375] Ebd., S. 218; Vgl. auch ein Schreiben des Deutschen Rückwanderungsbüros vom 23. Juni 1945: „Herr Walter Unger ist [...] nach Auschwitz abtransportiert worden. Soweit mir bekannt, ist er dort ums Leben gekommen.", HRA 3448 Nz. Bd. I, Bl. 87, zit. nach Pracht 1994, S. 134.

3 SCHLUSSBEMERKUNGEN

Wie gezeigt hat sich bereits vor 1933 die zunehmend feindlicher werdende Umwelt für Kempinski als geschäftsschädigend erwiesen. Der Fehlschlag in Breslau ist auf die sich dort offenbar schon vor 1933 auswirkende Boykottbewegungen zurück zu führen. Durch die Wirtschaftskrise wurde das Unternehmen dann insgesamt deutlich geschwächt. Allerdings konnte auch gezeigt werden, dass durch kluge Expansionspolitik der Unternehmensführung diese Krise verhältnismäßig gut überstanden werden konnte. Kempinski war 1933 ein zwar verschuldetes, aber nach wie vor profitables Unternehmen. In der Folgezeit wurde Kempinski jedoch durch einen schleichenden Prozess der gesellschaftlichen Ausgrenzung in eine finanzielle Notlage manövriert. Hauptkomponente dieses gesellschaftlichen Prozesses war im Falle Kempinskis der Boykott ab 1933, dessen Auswirkungen auf die Umsatzzahlen klar belegt wurden. Die Inhaber gerieten in Liquiditätsprobleme und waren gezwungen zunehmend hoch verzinste, kurzfristige und Warenkredite in Anspruch zu nehmen. Auf diese Weise wurde ein Kreislauf aus Verschuldung, Zinsdienst und Neuverschuldung in Gang gesetzt, der das Unternehmen an den Rand der Zahlungsunfähigkeit brachte.

Aufgrund dieser finanziellen Schwierigkeiten war der Handlungsspielraum der Inhaber in den „Arisierungsverhandlungen" erheblich eingeschränkt. Die Tatsache jedoch, dass die Aschinger AG nicht über genügend Kapital verfügte, um Kempinski vollständig zu übernehmen, eröffnete den Inhabern wieder neue Spielräume, die von diesen, bzw. von Rechtsanwalt Moltke, im Übernahmevertrag geschickt umgesetzt wurden. Diese Strategien standen in einem engen Zusammenhang mit dem Entschluss der Inhaber, Deutschland zu verlassen. Die relativ lange Pachtlaufzeit von 20 Jahren macht deutlich, dass die Inhaber nicht mit einem schnellen Ende des nationalsozialistischen Regimes gerechnet haben. Zudem wollten sie offenbar eine noch längere Pachtlaufzeit durchsetzen, was am Widerstand der Banken scheiterte. Im Wettbewerbsvertrag wurde der Aschinger AG zugesichert, dass ihr nach Ende des Pachtverhältnisses der Name Kempinski bzw. die Warenzeichen frei zur Verfügung stehen würden. Dies spricht dafür, dass die Inhaber nicht vorhatten, nach Deutschland zurück zu kehren und die Betriebe wieder zu übernehmen. Vielmehr konzentrierten sich die Strategien auf die Absicherung des Auslandgeschäfts und der internationalen Markenrechte. Hier konnten die Inhaber weit reichende Vertragsvereinbarungen erreichen. Sie sicherten sich das gesamte Auslandsgeschäft. Das Markenzeichen „Kempinski" durfte von Aschinger nur in Deutschland verwendet werden. Die Hoffnung auf eine erneute Übernahme der Berliner Betriebe durch Kempinski nach Ablauf der Pachtfrist ist allerdings ebenfalls zu erkennen: Aschinger musste sich verpflichten, größere Veränderungen an der Betriebsstruktur (Umlegung von Betrieben, Schließung von Restaurants) nur mit Zustimmung Kempinskis durch zu führen.

Trotz der erreichten Zugeständnisse ist der Vertrag keineswegs als „fair" zu bezeichnen. Die Inhaber Kempinskis machten deutlich, dass die Übernahme nicht den von ihnen gehegten Erwartungen entsprach. Und zumindest für die Pachtraten konnte gezeigt werden, dass sie nicht den realen Wert des Unternehmens widerspiegelten. Der Goodwill des Unternehmens wurde offenbar ebenfalls nicht berücksichtigt. Unklar bleibt die Frage, ob der Pachtvertrag von 1937 auf Betreiben staatlicher Stellen zustande kam. Doch hätte es eines solchen Eingreifens aufgrund der finanziellen Krise Kempinskis auch nicht bedurft. Es fällt auf, dass sich Aschinger schon Anfang 1937 um die Genehmigung des Gauwirtschaftsberaters bemühte. Diese scheint also in Berlin vergleichsweise früh nötig gewesen zu sein. Für gewöhnlich nahmen die Gauwirtschaftberater „Arisierungen" erst im Verlauf der Jahre 1937/38 unter straffere Kontrolle. Die „Arisierungsverhandlungen" und der Pachtvertrag mit Aschinger 1937 fallen in eine Zeit, die vermutlich als Schlüsselphase der „Arisierung" zumindest der größeren Betriebe in Berlin zu bezeichnen ist. Sie korreliert auch mit der großen Emigrationswelle in Berlin 1936/37, als 20.000 Berliner Juden aus der Stadt auswanderten.

Nach der Betriebsübernahme durch die Aschinger AG und der Emigration fast aller Inhaber wurde die Abwicklung des Restunternehmens von Walter Unger und Werner Steinke organisiert. Nach dem Novemberpogrom wurde die Situation für Unger zunehmend kritischer. Unter offenbar massivem Druck und nach vorheriger Internierung im Konzentrationslager Sachsenhausen wurde ein Zusatzprotokoll zum Miet- und Pachtvertrag verfasst. Dieses schränkte die 1937 noch abgesicherten Rechte der Inhaber am Exportgeschäft erheblich ein. Walter Unger gelang es jedoch, für die Länder, in die seine Sozien emigriert waren, nämlich die Vereinigten Staaten, Großbritannien und die Niederlande, gewisse Sonderkonditionen bezüglich des Auslandsgeschäfts abzusichern. Auf bewundernswerte Weise kämpfte Walter Unger in einer zunehmend feindlicher werdenden Umwelt, die inzwischen auch, wie die Haft in Sachsenhausen zeigt, seine körperliche Integrität bedrohte, um den Erhalt des Familienbesitzes. Er reizte die kleinen, ihm noch verbleibenden Spielräume gänzlich aus.

Zu Anfang des Jahres 1940 wurde deutlich, dass auch die Rest-OHG „arisiert" werden müsse. Daraufhin suchte Walter Unger aktiv nach Interessenten. Der gewünschte Vertrag mit der Schlossbrauerei wurde jedoch von staatlichen Stellen verhindert. Die Aschinger AG wollte die Grundstücke übernehmen, die Banken unterstützten diese Variante und hatten „Arisierungskredite" zugesagt. Doch dem entgegen stand Ungers kategorische Weigerung, an Aschinger zu verkaufen. Nun dürfte der Plan einer „getarnten Arisierung" entstanden sein. Werner Steinke wurde auf Betreiben Moltkes im April 1940 zum Abwesenheitspfleger für die emigrierten Inhaber ernannt, hatte damit die Anteilsmehrheit inne und konnte theoretisch sämtliche das Unternehmen betreffenden Entscheidungen unabhängig von Walter Unger treffen. Diese haben aber ganz offenbar kooperiert und erscheinen in den Akten stets als gemeinsam die Interessen der jüdischen Inhaber wahrend.

Bezüglich der „Arisierung" der Rest-OHG 1941 konnte erstmals aufgezeigt werden, welche zentrale Funktion Helmut James Graf von Moltke in den Verhandlungen innehatte. Im Zusammenspiel mit Walter Unger versuchte er alles noch im Rahmen des Möglichen zu unternehmen, um zumindest die Grundstücke der Familie zu erhalten. Diese wurden im November 1941, anscheinend treuhänderisch, auf Werner Steinke übertragen. Diese Treuhänderschaft wurde - wahrscheinlich durch einen komplizierten, von Moltke entworfenen Vertragstext - so weit verschleiert, dass die Vermögensverwertungsstelle in der Folgezeit stets von einem Kaufvertrag ausging und diesen nicht beanstandete. Als problematisch erwies sich nur die 11. Verordnung zum Reichsbürgergesetz, die drei Tage vor diesem Vertragsabschluss in Kraft trat. Vor allem dem engagierten Eingreifen Moltkes, das hier erstmals dokumentiert werden konnte, ist es zu verdanken, dass die Verträge vom November 1941 nachträglich von den staatlichen Stellen gebilligt wurden, ohne dass der Verdacht einer „getarnten Arisierung" aufkam.

Die Funktion Werner Steinkes konnte im Vergleich zu Elfi Prachts Untersuchung relativiert werden. Steinke hat allem Anschein nach nicht für die Aschinger AG gearbeitet. Die Strategie Aschingers, Steinke als „Strohmann" für die „Arisierung" zu gewinnen, schlug fehl. Sowohl Walter Unger als auch Moltke haben Steinke vertraut. Auch wenn im Rahmen dieser Untersuchung auf die Rückerstattungsverfahren nicht eingegangen werden konnte, sei an dieser Stelle erwähnt, dass 1946 zwischen Frederic Unger und Werner Steinke eine gütliche Einigung getroffen wurde. Steinke behielt 51 Prozent der Geschäftsanteile, Unger erhielt 49 Prozent zurückerstattet.[376] Es kann also nicht bestritten werden, dass Steinke letztendlich von der „Arisierung" profitiert hat. Die Schlüsselrolle, die er zumindest nach Abschluss des Pachtvertrages 1937 innehatte, kann auf Basis der vorliegenden Quellen nicht abschließend geklärt werden.

Die „Arisierung" des Unternehmens Kempinski zeigt beispielhaft, wie ein an sich gesundes Unternehmen bei weitgehender Zurückhaltung staatlicher Stellen durch einen komplexen gesellschaftlichen Prozess unter Beteiligung mehrerer Akteure in eine Krise gestürzt und die Inhaber zur Aufgabe des Geschäftsbetriebes ge-

---

[376] Vgl. Pracht 1994, S. 210.

zwungen wurden. Das Beispiel Kempinski zeigt aber auch den entschlossenen Willen der jüdischen Eigentümer, ihre Geschäftstätigkeit nicht aufzugeben. Vielmehr nahmen sie sehr genau wahr, welche begrenzten Spielräume sich ihnen noch boten und nutzten diese äußerst geschickt im Sinne des Unternehmens aus.

4 QUELLEN UND LITERATUR

Ungedruckte Quellen

LAB – Landesarchiv Berlin

A Rep. 225: Aschinger's Aktien-Gesellschaft

A Rep. 225-02: M. Kempinski & Co. Weinhaus und Handelsgesellschaft mbH

A Rep. 093-03: Finanzamt Moabit-West, Vermögensverwertungsstelle

B Rep. 025: Wiedergutmachungsämter Berlin

BArch - Bundesarchiv Berlin-Lichterfelde

R 8135: Deutsche Revisions- und Treuhand AG

R 8138: Reichskreditgesellschaft

R 8119 F: Deutsche Bank AG

R 87: Reichskommissar für die Behandlung feindlichen Vermögens

Gemeentearchief Amsterdam

P.A. 816/19: N. V. Wijnhandel Kempinski & Co.

Interviews:

Interview mit Fritz Teppich vom 1. Juli 2006

Interview mit Elisabeth Kohsen, geführt von Elfi Pracht am 9. Juli 1990, zur Verfügung gestellt von Frau Prof. Dr. Steffi Jersch-Wenzel.

Gedruckte Quellen

Froehlich, Elke (Hrsg.): Die Tagebücher von Joseph Goebbels, München 2000.

Industrie- und Handelskammer zu Berlin (Hrsg.): Verzeichnis der Mitglieder, Beamten und Kommissionen der Industrie- und Handelskammer sowie der Organe der Börse zu Berlin, Berlin 1931.

Kárný, Miroslav (Hrsg.), Theresienstädter Gedenkbuch, Prag 2000.

Oppen, Beate Ruhm von (Hrsg.), Briefe an Freya 1939-1945, München 1995.

Forschungsliteratur

Abelshauser, Werner / Hesse, Jan-Otmar / Plumpe, Werner (Hrsg.): Die Unternehmen im Nationalsozialismus - Eine Zwischenbilanz, in: Wirtschaftsordnung, Staat und Unternehmen. Neuere Forschungen zur Wirtschaftsgeschichte des Nationalsozialismus. Festschrift für Dietmar Petzina zu seinem 65. Geburtstag, Essen 2003.

Adam, Uwe Dietrich Adam: Judenpolitik im Dritten Reich, Düsseldorf 1972.

Adler, Hans Günther: Der verwaltete Mensch: Studien zur Deportation der Juden aus Deutschland, Tübingen 1974.

Adler-Rudel, Salomon: Ostjuden in Deutschland 1880 - 1940, Tübingen 1959.

Alexander, Gabriel: Die Entwicklung der jüdischen Bevölkerung in Berlin zwischen 1871 und 1945. In: Tel Aviver Jahrbuch für deutsche Geschichte, Bd. XX, Tel Aviv 1991, S. 301-309.

Alexander, Gabriel: Die jüdische Bevölkerung Berlins in den ersten Jahrzehnten des 20. Jahrhunderts. Demographische und wirtschaftliche Entwicklungen, in: Reinhard Rürup (Hrsg.): Jüdische Geschichte in Berlin, Bd. 1: Essays und Studien Berlin 1995.

Allen, Keith: Hungrige Metropole. Essen, Wohlfahrt und Kommerz in Berlin, Hamburg 2002.

Aly, Götz / Heim, Susanne: Vordenker der Vernichtung. Auschwitz und die deutschen Pläne für eine neue europäische Ordnung, Hamburg 1991.

Asmuss, Burkhard / Nachama, Andreas: Zur Geschichte der Juden in Berlin und das Jüdische Gemeindezentrum in Charlottenburg, in : Wolfgang Ribbe (Hrsg.), Von der Residenz zur City. 275 Jahre Charlottenburg, Berlin 1980.

Augustin, Dolores L.: Die soziale Stellung der jüdischen Wirtschaftselite im Wilhelminischen Berlin, in: Werner E. Mosse / Hans Pohl (Hrsg.), Jüdische Unternehmer in Deutschland im 19. und 20. Jahrhundert (Zeitschrift für Unternehmensgeschichte Beiheft 64), Köln 1992, 225-246.

Bajohr, Frank: „Arisierung" in Hamburg, Hamburg 1998

Bajohr, Frank: „Arisierung" und Restitution. Eine Einschätzung, in: Constantin Goschler u. Jürgen Hillteicher (Hrsg.), „Arisierung" und Restitution, Die Rückerstattung jüdischen Eigentums in Deutschland und Österreich nach 1945 und 1989, Göttingen 2002, S. 39-59

Bajohr, Frank: Interessenkartell, personale Netzwerke und Kompetenzausweitung: Die Beteiligten bei der „Arisierung" und Konfiszierung jüdischen Vermögens, in: Gerhard Hirschfeld / Tobias Jersak (Hrsg.), Karrieren im Nationalsozialismus: Funktionseliten zwischen Mitwirkung und Distanz, Frankfurt a. M. 2004, S. 45-55,

Bajohr, Frank: Parvenüs und Profiteure : Korruption in der NS-Zeit, Frankfurt a. M. 2001.

Bajohr, Frank: Verfolgung aus gesellschaftsgeschichtlicher Perspektive. Die wirtschaftliche Existenzvernichtung der Juden und die deutsche Gesellschaft, in: Geschichte und Gesellschaft 26 (2000), S. 629-652.

Banken, Rolf: Kurzfristiger Boom oder langfristiger Forschungsschwerpunkt? Die neuere Unternehmensgeschichte und die Zeit des Nationalsozialismus, in: Geschichte in Wissenschaft und Unterricht 56 (2005), S. 183-196.

Barkai, Avraham: „Schicksalsjahr 1938". Kontinuität und Verschärfung der wirtschaftspolitischen Ausplünderung der deutschen Juden, in: Walter H. Pehle (Hrsg.), Der Judenpogrom 1938. Von der „Reichskristallnacht" zum Völkermord, Frankfurt a. M. 1988, S. 94-117.

Barkai, Avraham: Aufbruch und Zerstörung 1918-1945 (Deutsch-Jüdische Geschichte der Neuzeit Bd. IV, hrsg. v. Michael A. Meyer), München 1997.

Barkai, Avraham: Der wirtschaftliche Existenzkampf der Juden im Dritten Reich 1933-1938, in: Arnold Paucker (Hrsg.), Die Juden im Nationalsozialistischen Deutschland, Tübingen 1986, S. 153-166.

Barkai, Avraham: Deutsche Unternehmer und Judenpolitik im „Dritten Reich", in: Geschichte und Gesellschaft 15 (1989), S. 227-247.

Barkai, Avraham: Vom Boykott zur „Entjudung". Der wirtschaftliche Existenzkampf der Juden im Dritten Reich 1933-1943, Frankfurt/M 1987.

Baumann, Angelika / Heusler, Andreas (Hrsg.): München arisiert. Entrechtung und Enteignung der Juden in der NS-Zeit, München 2004.

Bennathan, Esra: Die Demographie und wirtschaftliche Struktur der Juden, in: Werner E. Mosse (Hrsg.), Entscheidungsjahr 1932, 2. rev. u. erw. Aufl., Tübingen 1966.

Berding, Helmut: Moderner Antisemitismus in Deutschland, Frankfurt a. M. 1988.

Berghoff, Hartmut: Moderne Unternehmensgeschichte. Eine themen- und theorie-orientierte Einführung, Paderborn 2004.

Berliner Geschichtswerkstatt (Hrsg.): Projektgruppe: Christine Zahn: Fundstü-cke...Fragmente...Erinnerungen...Juden in Kreuzberg, Berlin 1991.

Bertz, Inka: „Keine Feier ohne Meyer". Die Geschichte der Firma Hermann Meyer & Co., 1890-1990, Berlin 1990.

Bezirksamt Weißensee von Berlin (Hrsg.): Juden in Weißensee. „Ich hatte einst ein schönes Vaterland", Berlin 1994.

Biggeleben, Christoph: Kontinuität von Bürgerlichkeit im Berliner Unternehmer-tum. Der Verein Berliner Kaufleute und Industrieller (1879-1961), in: Berghahn, Volker/Unger, Stefan/Ziegler, Dieter (Hrsg.), Die deutsche Wirtschaftselite im 20. Jahrhundert: Kontinuität und Mentalität, Essen 2003, S. 241-274.

Boehlich, Walter (Hrsg.): Der Berliner Antisemitismusstreit., Frankfurt am Main 1965.

Bopf, Britta: „Arisierung" in Köln. Die Wirtschaftliche Existenzvernichtung der Juden 1933-1945, Köln 2004.

Brakelmann, Günter: Der Kreisauer Kreis. Chronologie, Kurzbiographien und texte aus dem Widerstand (Schriftenreihe der Forschungsgemeinschaft 20. Juli 1944 e.V., Bd. 3), Münster 2003

Brenner, Michael: Die Weimarer Jahre (1919-1932), in: Andreas Nachama u. A. (Hrsg.), Juden in Berlin, Berlin 2001, S. 137-180.

Brucher-Lembach, Andrea: „…wie Hunde auf ein Stück Brot." Die Arisierung und der Versuch der Wiedergutmachung in Freiburg, Bremgarten 2004.

Bruns-Wüstefeld, Alex: Lohnende Geschäfte. Die „Entjudung" der Wirtschaft am Beispiel Göttingens, Hannover 1997.

Bruss Regina: Die Bremer Juden unter dem Nationalsozialismus, Bremen 1983.

Buschak, Willy: Von Menschen, die wie Menschen leben wollten. Die Geschichte der Gewerkschaft Nahrung-Genuß-Gaststätten und ihrer Vorläufer, Köln 1985.

Bund der Antifaschisten Berlin-Pankow e.V. (Hrsg.): Red. Inge Lammel, Jüdisches Leben in Pankow. Eine zeitgeschichtliche Dokumentation, Berlin 1993.

Bussiek, Dagmar: Rezension zu Joachim Schlör, Das Ich in der Stadt. Debatten über Judentum und Urbanität, 1822-1938, Göttingen 2005, in: H-Soz-U-Kult vom 8. 5. 2006, http://hsozkult.geschichte.hu-berlin.de/rezensionen/2006-2-090.

Dahlmann, Hans-Christian: „Arisierung" und Gesellschaft in Witten. Wie die Bevölkerung einer Ruhrgebietsstadt das Eigentum ihrer Jüdinnen und Juden übernahm, Münster u. a. 2001.

Diner, Dan: Rationalisierung und Methode. Zu einem neuen Erklärungsversuch der „Endlösung", in: Vierteljahreshefte für Zeitgeschichte 40 (1992), S. 359-382.

Dunn, Malcolm H.: Die Unternehmung als soziales System. Ein sozialwissenschaftlicher Beitrag zur Neuen Mikroökonomie, Berlin 1998.

Engelmann, Hans: Kirche am Abgrund. Adolf Stoecker und seine antijüdische Bewegung, Berlin 1984.

Erker, Paul: „A new business history"? Neuere Ansätze und Entwicklungen der Unternehmensgeschichte, in: Archiv für Sozialgeschichte 42 (2002), S. 557-604.

Ermann, Hans: Berlin bei Kempinski, Berlin 1954.

Fabricius, Hans Werner, Juden in Marienfelde, Berlin 1990.

Feldman, Gerald D.: Max Warburg, Hugo Stinnes und das Problem des Antisemitismus in der frühen Weimarer Republik, in: Michael Grüttner u. A. (Hrsg.), Geschichte und Emanzipation. Festschrift für Reinhard Rürup, Frankfurt a. M. 1999, S. 315-332.

Fichtl, Fichtl u. A.: „Bambergs Wirtschaft judenfrei". Die Verdrängung der jüdischen Geschäftsleute in den Jahren 1933 bis 1939, Bamberg 1998.

Fischer, Albert: Hjalmar Schacht und Deutschlands „Judenfrage". Der „Wirtschaftsdiktator" und die Vertreibung der Juden aus der deutschen Wirtschaft, Köln 1995.

Fliedner, Hans-Joachim: Die Judenverfolgung in Mannheim 1933-1945, 2 Bde., Stuttgart 1971.

Friedländer, Saul: Das Dritte Reich und die Juden. Bd. 1, Die Jahre der Verfolgung 1933-1939, München 1998.

Genschel, Helmut: Die Verdrängung der Juden aus der Wirtschaft im Dritten Reich, Göttingen 1966.

Geyer, Martin H.: Teuerungsprotest und Teuerungsunruhen 1914-1923. Selbsthilfe und Geldentwertung, in; Manfred Gailus / Heinrich Volkmann (Hrsg.), Der Kampf um das tägliche Brot. Nahrungsmittel, Versorgungspolitik und Protest 1770-1990, Opladen 1994, S. 319-345

Girod, Regina / Lidschun, Reiner / Pfeiffer, Otto, Nachbarn. Juden in Friedrichshain, Berlin 2000.

Glaser, Karl-Heinz: Aschingers Bierquellen erobern Berlin. Aus dem Weinort Oberderdingen in die aufstrebende Hauptstadt, unter Mitarbeit von Erwin Breitinger und Thomas Nowitzki, Ubstadt-Weiher 2004.

Goschler, Constantin / Hillteicher, Jürgen: „Arisierung" und Restitution jüdischen Eigentums in Deutschland und Österreich. Einleitung, in: dies. (Hrsg.), „Arisierung" und Restitution, Die Rückerstattung jüdischen Eigentums in Deutschland und Österreich nach 1945 und 1989, Göttingen 2002, S. 7-28

Gruner, Wolf: "Lesen brauchen sie nicht zu können..." Die "Denkschrift über die Behandlung der Juden in der Reichshauptstadt auf allen Gebieten des öffentlichen

Lebens" vom Mai 1938, in: Jahrbuch für Antisemitismusforschung Bd. 4 (1995), S. 305-341.

Gruner, Wolf: Die Reichshauptstadt und die Verfolgung der Berliner Juden 1933-1945, in: Reinhard Rürup (Hrsg.), Jüdische Geschichte in Berlin. Essays und Studien, Berlin 1995, S. 229-266.

Gruner, Wolf: Judenverfolgung in Berlin. Eine Chronologie der Behördenmaßnahmen in der Reichshauptstadt, Berlin 1996.

Grzywatz, Berthold: Arbeit und Bevölkerung im Berlin der Weimarer Zeit (Einzelveröffentlichungen der historischen Kommission zu Berlin 63), Berlin 1988.

Gutman, Yisrael (Hrsg.): Enzyklopädie des Holocaust, Bd. 1, Berlin 1993

Händler-Lachmann, Barbara / Werther, Thomas: Vergessene Geschäfte, verlorene Geschichte. Jüdisches Wirtschaftsleben in Marburg und seine Vernichtung im Nationalsozialismus, Marburg 1992.

Hanke, Peter: Zur Geschichte der Juden in München zwischen 1933 und 1945, München 1967.

Hannover, Heinrich: Politische Justiz 1918-1933, Frankfurt 1966.

Harrison, Ted: „Alter Kämpfer" im Widerstand. Graf Helldorf, die NS-Bewegung und die Opposition gegen Hitler, in: Vierteljahreshefte für Zeitgeschichte Bd. 45 (1997), S. 385-423.

Hayes, Peter: Big Business and „Aryanisation" in Germany, 1933-1939, in: Jahrbuch für Antisemitismusforschung 3 (1994), S. 254-281.

Hecht, Cornelia, Deutsche Juden und Antisemitismus in der Weimarer Republik, Bonn 2003.

Helas, Horst, Juden in Berlin-Mitte. Biographien, Orte, Begegnungen Berlin 2000.

Hepp, Michael: Die Ausbürgerung deutscher Staatsangehöriger 1933-1945 nach den im Reichsanzeiger veröffentlichten Listen, Bd. 1, München 1985.

Herbert, Ulrich: Rassismus und rationales Kalkül. Zum Stellenwert utilitaristisch verbrämter Legitimationsstrategien in der nationalsozialistischen „Weltanschauung", in: Wolfgang Schneider (Hrsg.), „Vernichtungspolitik". Eine Debatte über den Zusammenhang von Sozialpolitik und Genozid im nationalsozialistischen Deutschland, Hamburg 1991.

Herbst, Ludolf: Banker in einem prekären Geschäft. Die Beteiligung der Commerzbank an der Vernichtung jüdischer Gewerbeunternehmen im Altreich 1933-1939, in: Ders. (Hrsg.), Die Commerzbank und die Juden, München 2004, S. 74-137

Hesse, Jan Otmar: „Der Kapitalismus ist das Werk einzelner hervorragender Männer". Unternehmensgeschichte zwischen Personen und Strukturen, in: Geschichte in Wissenschaft und Unterricht 56 (2005), S. 148-158.

Hesse, Jan-Otmar u. a. (Hrsg.): Kulturalismus, Neue Institutionenökonomik oder Theorienvielfalt. Eine Zwischenbilanz der Unternehmensgeschichte, Essen 2002.

James, Harold: Die Deutsche Bank und die „Arisierung", München 2001.

Jüdisches Museum Berlin (Hrsg.): „Dem deutschen Volke". Die Geschichte der Berliner Bronzegießerei Loewy. Ausstellungsbegleitbuch, Berlin 2003.

Kahmann, Henning: Die Bankiers von Jaquiers & Securius 1933-1945. Eine rechtshistorische Fallstudie zur „Arisierung" eines Berliner Bankhauses, Frankfurt/M, u.a. 2002.

Kaiser, Katharina Ruth: Verfolgung und Verwaltung. Die Rolle der Finanzbehörden bei der wirtschaftlichen Ausplünderung der jüdischen Bevölkerung in Berlin. Dokumentation einer Ausstellung im Haus am Kleistpark, Gedenk- und Bildungsstätte Haus der Wannsee-Konferenz, Haus am Kleistpark (Hrsg.), Berlin 2003.

Kaulen, Alois / Pohl, Joachim, Juden in Spandau vom Mittelalter bis 1945, Berlin 1988.

Kershaw, Ian: Der NS-Staat. Geschichtsinterpretationen und Kontroversen im Überblick, Reinbek 1988.

Klein, Michael: Aschinger-Konzern – Aschinger's Aktien-Gesellschaft, Hotelbetriebs-AG, M. Kempinski & Co. Weinhaus und Handelsgesellschaft mbH. A Rep. 225 (Findbücher, hrsg. vom Landesarchiv Berlin, Nr. 34) , Berlin 2005.

Knauss, Erwin: Die jüdische Bevölkerung Gießens, 1933-1945. Eine Dokumentation, Wiesbaden 1976.

Kneer, Georg / Nassehi, Armin: Niklas Luhmanns Theorie sozialer Systeme, 4. Aufl., München 2000.

Knipping, Ulrich: Die Geschichte der Juden in Dortmund während der Zeit des Dritten Reiches, Dortmund 1977.

Köhler, Henning: Berlin in der Weimarer Republik, in: Wilhelm Ribbe (Hrsg.), Die Geschichte Berlins, Bd. 2, Von der Märzrevolution bis zur Gegenwart, Berlin 2002, S. 797-925

Kolland, Dorothea (Hrsg.): „Zehn Brüder waren wir gewesen…" Spuren jüdischen Lebens in Berlin-Neukölln, Berlin 1988.

Kommission zur Erforschung der Geschichte der Frankfurter Juden (Hrsg.): Dokumente zur Geschichte der Frankfurter Juden 1933-1945, Frankfurt 1963.

Kopper, Christopher: Zwischen Marktwirtschaft und Dirigismus, Bankenpolitik im „Dritten Reich" 1933-1945, Bonn 1995.

Korberstein, Thea / Stein, Norbert (Hrsg.): Juden in Lichtenberg (mit den früheren Ortsteilen in Friedrichshain, Hellersdorf und Marzahn), Berlin 1995.

Köster, Baldur: Berliner Gaststätten von der Jahrhundertwende bis zum Ersten Weltkrieg; Berlin (Diss.) 1964.

Kratzsch, Gerhard: Der Gauwirtschaftsapparat der NSDAP: Menschenführung, "Arisierung", Wehrwirtschaft im Gau Westfalen-Süd; eine Studie zur Herrschaftspraxis im totalitären Staat, Münster 1989.

Krieger, Karsten: Der „Berliner Antisemitismusstreit" 1879-1881. Kommentierte Quellenedition, Teil 1, München 2003.

Kulturamt Prenzlauer Berg, Prenzlauer Berg Museum für Heimatgeschichte und Stadtkultur (Hrsg.): Leben mit der Erinnerung. Jüdische Geschichte in Prenzlauer Berg, Berlin 1997.

Küpper, Willy / Ortmann, Günther: Mikropolitik. Rationalität, Macht und Spiele in Organisationen, 2. Aufl, Opladen 1992.

Ladwig-Winters, Simone: Wertheim. Ein Warenhausunternehmen und seine Eigentümer. Ein Beispiel der Entwicklung der Berliner Warenhäuser bis zur „Arisierung", Münster 1997

Lässig, Simone: Nationalsozialistische „Judenpolitik" und jüdische Selbstbehauptung vor dem Novemberpogrom. Das Beispiel der Dresdner Bankiersfamilie Arnhold, in: Reiner Pommerin (Hg.): Dresden unterm Hakenkreuz, Weimar/Köln/Wien 1998, S. 129-192.

Lauschke, Karl (Hrsg.): Mikropolitik im Unternehmen: Arbeitsbeziehungen und Machtstrukturen in industriellen Großbetrieben des 20. Jahrhunderts (Bochumer Schriften zur Unternehmens- und Industriegeschichte 3), Essen 1994.

Liang, Hsi-Huey: Die Berliner Polizei in der Weimarer Republik, Berlin / New York 1977.

Lichtblau, Albert: Antisemitismus und soziale Spannung in Berlin und Wien 1867-1914 (Dokumente, Materialien, Texte, Berlin 1994.

Longerich, Peter: Politik der Vernichtung. Eine Gesamtdarstellung der nationalsozialistischen Judenverfolgung, München 1998.

Lorentz, Bernhard: Die Commerzbank und die „Arisierung" im Altreich. Ein Vergleich der Netzwerkstrukturen und Handlungsspielräume von Großbanken in der NS-Zeit, in: Vierteljahreshefte für Zeitgeschichte 50 (2002), S. 237-268.

Lüdersdorf, Gerd: Es war ihr Zuhause. Juden in Köpenick, Berlin 1998.

Ludwig, Johannes: Boykott, Enteignung, Mord, München 1992.

Maurer, Trude: Ostjuden in Deutschland, Hamburg 1986.

Meyer, Beate / Simon, Hermann (Hrsg.): Juden in Berlin 1938-1945. Begleitband zur gleichnamigen Ausstellung in der Stiftung „Neue Synagoge Berlin – Centrum Judaicum", Berlin 2000.

Meyer, Beate: „Arisiert" und ausgeplündert. Die jüdische Fabrikantenfamilie Garbáty, in: dies. / Hermann Simon (Hrsg.): Juden in Berlin 1938-145. Begleitband zur gleichnamigen Ausstellung in der Stiftung „Neue Synagoge Berlin – Centrum Judaicum", Berlin 2000.

Mönninghoff, Wolfgang: Enteignung der Juden. Wunder der Wirtschaft, Erbe der Deutschen, Hamburg 2001.

Morgenthaler, Sibylle: Countering the Pre-1933 Nazi Boycott against the Jews, in: Leo-Baeck-Institute Year Book 36 (1991), S. 127-149.

Nachama, Nachama (Hrsg.): Die Juden in Berlin, Berlin 2001; Reinhard Rürup (Hrsg.), Jüdische Geschichte in Berlin. Bd.1: Essays und Studien, Bd.2: Bilder und Dokumente, Berlin 1995.

Neuss, Werner: Einführung in die Betriebswirtschaftslehre aus institutionenökonomischer Sicht, 2. Aufl., Tübingen 2001.

Otto, Eberhard: Die Nürnberger Gesetze von 1935. Voraussetzungen und folgen, in: Tribüne. Zeitschrift zum Verständnis des Judentums 34 (1995), S. 61-63.

Paucker, Arnold: Der jüdische Abwehrkampf gegen Antisemitismus und Nationalsozialismus in den letzten Jahren der Weimarer Republik, Hamburg 1968.

Pierenkemper, Toni: Sechs Thesen zum gegenwärtigen Stand der deutschen Unternehmensgeschichtsschreibung. Eine Entgegnung auf Manfred Pohl, in: Zeitschrift für Unternehmensgeschichte 45 (2000), S. 158-166.

Pierenkemper, Toni: Was kann eine moderne Unternehmensgeschichte leisten? Und was soll sie tunlichst vermeiden, in: Zeitschrift für Unternehmensgeschichte 44 (1999), S. 15-31.

Plumpe, Werner: Perspektiven der Unternehmensgeschichte, in: Günther Schulz (Hrsg.), Sozial- und Wirtschaftsgeschichte - Arbeitsgebiete, Probleme, Perspektiven. 100 Jahre Vierteljahresheft für Zeitgeschichte (Vierteljahresheft für Sozial- und Wirtschaftsgeschichte, Beiheft 169), Stuttgart 2004.

Pohl, Manfred: Zwischen Weihrauch und Wissenschaft? Zum Standort der modernen Unternehmensgeschichte. Eine Replik auf Toni Pierenkemper, in: Zeitschrift für Unternehmensgeschichte 44 (1999), S. 150-163.

Pracht, Elfi: M. Kempinski & Co., Berlin 1994.

Lehrstuhl für Zeitgeschichte der Humboldt-Universität zu Berlin: Projektantrag: Ausgrenzungsprozesse und Überlebensstrategien. Mittlere und kleine jüdische Gewerbe-Unternehmen in Berlin, unveröffentlicht, Berlin 2006

Rappl, Marian: „Arisierungen" in München. Die Verdrängung der jüdischen Gewerbetreibenden aus dem Wirtschaftsleben der Stadt 1933-1939, in: Zeitschrift für Bayerische Landesgeschichte 63 (2000), S. 123-184.

Rappl, Marian: „Unter der Flagge der Arisierung… um einen Schundpreis zu erraffen". Zur Präzisierung eines problematischen Begriffs, in: Angelika Baumann (Hrsg.), München arisiert. Entrechtung und Enteignung der Juden in der NS-Zeit, München 2004, S. 17-30

Rath, Georg: Goebbels. Eine Biographie, 3. Aufl., München 1995.

Reichmann, Eva G.: Flucht in den Hass. Die Ursachen der Judenkatastrophe, Frankfurt a. M. 1956.

Richarz, Monika: Jüdisches Berlin und seine Vernichtung, in: Jochen Boberg u. A. (Hrsg.), Die Metropole. Industriekultur in Berlin im 20. Jahrhundert, München 1986, S. 216-225.

Richter, Rudolf / Furubotn, Erik G.: Neue Institutionenökonomie. Eine Einführung und kritische Würdigung, 2. Aufl., Tübingen 1999.

Ruck, Michael: Bibliographie zum Nationalsozialismus, Köln 1995.

Schabitz, Michael: Flucht und Vertreibung der deutschen Juden 1933-1941, in: Beate Meyer / Hermann Simon, Juden in Berlin 1938-1945, Berlin 2000, S. 51-76.

Scheiger, Brigitte: „Ich bitte um baldige Arisierung der Wohnung…": Zur Funktion von Frauen im bürokratischen System der Verfolgung, in: Theresa Wobbe (Hrsg.), Nach Osten: Verdeckte Spuren nationalsozialistischer Verbrechen, Frankfurt a. M. 1992, S. 175-196.

Schleunes, Karl: The Twisted Road to Auschwitz. Nazi Policy towards German Jews 1933-1939, Urbana u. A. 1970.

Schlör, Joachim: Berlin. „Traum und Notstadt der Juden", in: Willi Jasper / Julius H. Schoeps (Hrsg.), Deutsch-jüdische Passagen. Europäische Städtelandschaften von Berlin bis Prag, Hamburg 1996, S. 63-82.

Schlör, Joachim: Juden sind Städter – Ein Stereotyp und seine Bedeutungen, in: Fritz Mayrhofer / Ferdinand Opll (Hrsg.), Juden in der Stadt, Linz (Donau) 1999, S. 341-364.

Schmitz-Berning, Cornelia: Vokabular des Nationalsozialismus, Berlin/New York 1998

Schnauber, Jens: Die Arisierung der Scala und Plaza, Varieté und Dresdner Bank in der NS-Zeit, Berlin 2002.

Scholem, Betty: November (geschr. 25. 3. 1939 in Marseille) Leo Baeck Institute Bulletin 77 (1987), S. 12-19.

Schuder, Rosemarie: / Hirsch, Rudolf: Der gelbe Fleck, Wurzeln und Wirkungen des Judenhasses in der deutschen Geschichte, Berlin 1987.

Selig, Wolfram: „Arisierung" in München. Die Vernichtung jüdischer Existenz 1937-1939, Berlin 2004.

Selig, Wolfram: Leben unterm Rassenwahn. Vom Antisemitismus in der „Hauptstadt der Bewegung", Berlin 2001.

Silbergleit, Heinrich: Die Bevölkerungs- und Berufsverhältnisse der Juden im Deutschen Reich, Bd. 1 Preußen, Berlin 1930.

Silbergleit, Heinrich: Zur Statistik der jüdischen Bevölkerung Berlins, in: Zeitschrift für Demographie und Statistik der Juden, Heft 9-12 (1927), S. 133-141.

Simon, Hermann: Das Jahr 1938, in: Beate Meyer / Hermann Simon, Juden in Berlin 1938-1945, Berlin 2000, S. 17-41.

Staehle, Wolfgang H.: Management. Eine verhaltenswissenschaftliche Perspektive, 4. Aufl., München 1989.

Steiner, Kilian: Ortsempfänger, Volksfernseher und Optaphon. Die Entwicklung der deutschen Radio- und Fernsehindustrie und das Unternehmen Loewe 1923-1962, Essen 2005.

Stoecker, Adolf: Das moderne Judenthum in Deutschland, besonders in Berlin. Zwei Reden in der christlich-socialen Arbeiterpartei, 4. Aufl., Berlin 1880, S. 4-20.

Treue, Wilhelm: Das Bankhaus Mendelssohn als Beispiel einer Privatbank im 19. und 20. Jahrhundert, in: Mendelssohn-Studien 1 (1972), S. 29-80.

Treue, Wilhelm: Zur Frage der wirtschaftlichen Motive im deutschen Antisemitismus, in: Deutsches Judentum in Krieg und Revolution 1916-1923, Tübingen 1971.

Viseur, Max: Die Entjudung der Berliner Einzelhandels, in: Wirtschaftsblatt der Industrie- und Handelskammer zu Berlin Bd. 37 (1939), S. 159-161.

Voigt, Martina: Die Deportation der Berliner Juden 1941 bis 1945, in: Zentrum für audio-visuelle Medien: Landesbildstelle Berlin (Hrsg.), Die Grunewald-Rampe. Die Deportation der Berliner Juden, Berlin 1993, S. 23-45.

Walter, Dirk: Antisemitische Kriminalität und Gewalt, Bonn 1999.

Weisbrod, Bernd: The Crisis of Bourgeois Society in Interware Germany, in: Richard Bessel (Hrsg.), Fascist Italy and Nazi Germany, comparisons and constrasts, Cambridge 1996.

Werkstattfilm e.V. (Hrsg.): Ein offenes Geheimnis. „Arisierung" in Alltag und Wirtschaft in Oldenburg zwischen 1933 und 1945, Oldenburg 2001.

Wertheimer, Jack: Unwelcome Strangers. East European Jews in Imperial Germany, New York / Oxford 1992.

Westphal, Uwe: Berliner Konfektion und Mode: Die Zerstörung einer Tradition 1836-1939, 2. erw. Aufl., Berlin 1992.

Woidt, Petra: Pankow und die Königin von Saba. Eine Firmen- und Familiengeschichte, Berlin 1997

Wojak, Irmtrud / Hayes, Peter im Auftrag des Fritz Bauer Instituts (Hrsg.): „Arisierung" im Nationalsozialismus. Volksgemeinschaft, Raub und Gedächtnis, Frankfurt a. M./New York 2000.

Ziegler, Dieter: Die deutschen Großbanken im „Altreich" 1933 – 1939, in: Stiefel, Dieter (Hrsg.): Die politische Ökonomie des Holocaust. Zur wirtschaftlichen Logik von Verfolgung und "Wiedergutmachung", Wien 7 München 2001, S. 74-131

Ziegler, Dieter: Die Dresdner Bank und die Juden, München 2006.

Ziegler, Dieter: Kontinuität und Diskontinuität der deutschen Wirtschaftselite, in: ders. (Hrsg.), Unternehmer und Großbürger. Die deutsche Wirtschaftselite im 20. Jahrhundert, Göttingen 2000, S. 31-53.

Zilkenat, Rainer: Der Pogrom am 5. und 6. November 1923, in: Verein Stiftung Scheunenviertel (Hrsg.), Spuren eines verlorenen Berlin. Das Scheunenviertel, Berlin 1994, S. 95-101.

Zimmermann, Moshe: Die deutschen Juden 1914-1945, München 1996.

Zunzer, Daniela: Die „Arisierung" von jüdischem Gewerbe. Das Kaufhaus Lamm in der Danziger Str. 98, in: Kulturamt Prenzlauer Berg, Prenzlauer Berg Museum für Heimatgeschichte und Stadtkultur (Hrsg.): Leben mit der Erinnerung. Jüdische Geschichte in Prenzlauer Berg, Berlin 1997, S. 331-335.

5 ANLAGEN

Anlage 1:

Beteiligungen der M. Kempinski & Co. OHG im Jahr 1937

(inkl. Anteil am Gesellschaftskapital in RM)

1.	Friedrichshaus GmbH:	986.000 RM
2.	Lifag AG	109.000 RM
3.	Bardinet AG	450.000 RM
4.	Druckerei Gebr. Hartkopf GmbH	90.000 RM
5.	Kosterlitz & Co. GmbH	18.000 RM
6.	Domkellerei zu Köln AG	50.000 RM
7.	N.V. Vijnhandel, Amsterdam	30.000 RM
8.	Kia-Ora GmbH, Berlin	1 RM
9.	M. Kempinski & Co Inc. New York	30.000 RM
10.	George Broche	1 RM
11.	Eisenbahn Automatic	26.000 RM
12.	M. Kempinski Ltd., Kempinski Restaurant Ltd.	2.000 RM
13.	'Adriane' Fabrikation chemischer und kosmetischer Artikel GmbH	20.000 RM
14.	Bodega Comp. S.A. Zürich	3.403,85 RM
15.	Haus Vaterland Gaststätten GmbH	3.000 RM

In: Bericht der Deutschen Revisions- und Treuhand AG über die bei der M. Kempinski & Co. OHG vorgenommene Prüfung des Abschlusses zum 30. Juni 1937, LAB, A Rep. 225-02, Nr. 32.

Anlage 2:

Stammbaum der Familien Kempinski / Unger

(in dieser Studie erwähnte Personen)

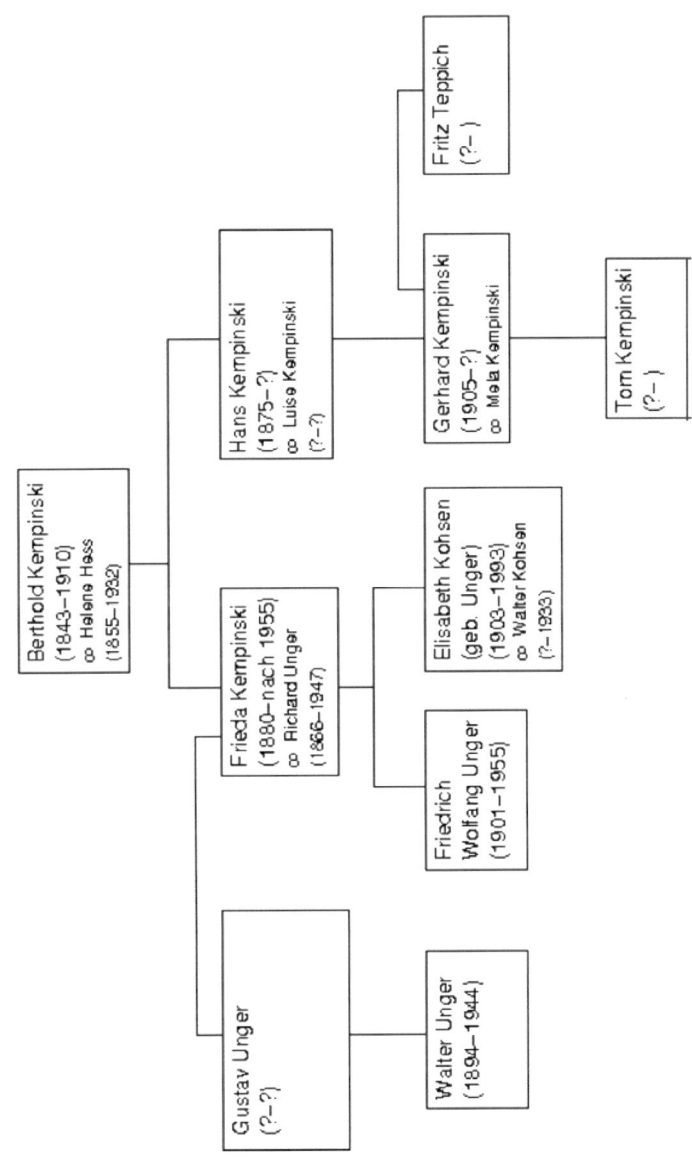